Татьяна Филатова

Лечение натуральными продуктами

Татьяна Филатова

# Лечение натуральными продуктами

## Народные рецепты для здоровья

Bloggingbooks

**Impressum / Выходные данные**
Bibliografische Information der Deutschen Nationalbibliothek: Die Deutsche Nationalbibliothek verzeichnet diese Publikation in der Deutschen Nationalbibliografie; detaillierte bibliografische Daten sind im Internet über http://dnb.d-nb.de abrufbar.
Alle in diesem Buch genannten Marken und Produktnamen unterliegen warenzeichen-, marken- oder patentrechtlichem Schutz bzw. sind Warenzeichen oder eingetragene Warenzeichen der jeweiligen Inhaber. Die Wiedergabe von Marken, Produktnamen, Gebrauchsnamen, Handelsnamen, Warenbezeichnungen u.s.w. in diesem Werk berechtigt auch ohne besondere Kennzeichnung nicht zu der Annahme, dass solche Namen im Sinne der Warenzeichen- und Markenschutzgesetzgebung als frei zu betrachten wären und daher von jedermann benutzt werden dürften.

Библиографическая информация, изданная Немецкой Национальной Библиотекой. Немецкая Национальная Библиотека включает данную публикацию в Немецкий Книжный Каталог; с подробными библиографическими данными можно ознакомиться в Интернете по адресу http://dnb.d-nb.de.
Любые названия марок и брендов, упомянутые в этой книге, принадлежат торговой марке, бренду или запатентованы и являются брендами соответствующих правообладателей. Использование названий брендов, названий товаров, торговых марок, описаний товаров, общих имён, и т.д. даже без точного упоминания в этой работе не является основанием того, что данные названия можно считать незарегистрированными под каким-либо брендом и не защищены законом о брендах и их можно использовать всем без ограничений.

Coverbild / Изображение на обложке предоставлено: www.ingimage.com

Verlag / Издатель:
Bloggingbooks
ist ein Imprint der / является торговой маркой
OmniScriptum GmbH & Co. KG
Heinrich-Böcking-Str. 6-8, 66121 Saarbrücken, Deutschland / Германия
Email / электронная почта: info@bloggingbooks.de

Herstellung: siehe letzte Seite /
Напечатано: см. последнюю страницу
**ISBN: 978-3-8417-7282-4**

Copyright / АВТОРСКОЕ ПРАВО © 2014 OmniScriptum GmbH & Co. KG
Alle Rechte vorbehalten. / Все права защищены. Saarbrücken 2014

## Введение

Перед Вами книга, которая познакомит Вас с рецептами для лечения различных болезней лекарственными растениями и народными способами. Народная медицина известна с древних времен, тогда не была такого количества лекарств как в наше время. И все лекарства изготовляли из растений. Лечились настойками, отварами, маслами и сборами растений. И эти лекарства были из натуральных продуктов и экологически чистых. Материалы, которые помещены в этот сборник я собирала из разных лечебников, газет, журналов и из тетради, и интернета в которую писала рецепты моя бабушка. У меня самой больное сердце и принимая таблетки которые выписывают мне врачи , я испортила себе желудок и печень. И начала принимать отвары трав и пробовать лечебные диеты, чтобы как-то защитить свой организм. Это помогло, и тогда я решила напечатать этот сборник, в него вошли самые действенные рецепты, которые я частично попробовала сама. Я также веду блог « Уникальные продукты», где печатаю самые интересные рецепты.

Филатова Татьяна Васильевна

**Эти витамины необходимы для Вашего здоровья.**

**Кальций** - укрепляет зубы, кости, его организм получает из кисломолочных продуктов, творога, сыра. **Калий**, его много в бананах, помидорах, изюме, печеной картошке, кураге. Калий - нейтрализует в организме вредное действие соли, необходим для поддержания нормального внутреннего давления. **Фолиевая кислота**, содержится в зерновых, цитрусовых, бобовых, в овощах. Помогает при беременности для нормального развития плода и пожилым людям очень полезна для сердечно – сосудистой системы. **Бета-каротин**, больше всего находится в свежих абрикосах, моркови, молодом картофеле, зеленом перце. Очень нужен для иммунной системы, для зрения, и кожи. **Железо**, очень много находится в зеленых яблоках, гречневой крупе, в говяжьем сердце и печени. Железо - помогает организму справляться с усталостью. **Витамин D**, присутствует в морской рыбе, рыбьем жире, печени трески, он бережет зубы и кости в связке с кальцием и защищает от диабета 2-го типа. **Витамин С**, находится в цитрусовых, черной и красной смородине, квашеной капусте. Этот витамин защищает от инфекций, необходим для обмена веществ. **Витамин В 15**, улучшает процесс обмена веществ, Является мощным очистителем организма от токсинов.

**Витамин В 10** помогает приспосабливаться к внешним негативным изменениям, защищает от чрезмерного воздействия ультрафиолета и от вредного воздействия озона.

**Витамин Е**, способствует замедлению процесса старения, укрепляет стенки кровеносных сосудов.

## ГЛАВА 1
### ЛЕЧЕНИЕ РАСТЕНИЯМИ
### Сирень

Сирень – это лекарство от многих болезней. Лекарственными свойствами обладают цветки, почки сирени, листья и кора. Эфирное масло сирени, используемое в косметической и лекарственной промышленности. Препараты из сирени используются при малярии, поносе, кашле, коклюше, бронхите, пневмонии, туберкулезе легких. Свежие листья применяют в виде компресса, прикладывают к нарывам. Высушенные цветки в виде настоя - при почечнокаменной болезни.

Настойку готовят так: берете бутылку, лучше темную, набиваете ее соцветиями и заливаете водкой, настаиваете в темном месте 20 дней. Процеживаете и держите в темной посуде в прохладном темном месте.

Рецепты приготовления:

1. 1столовую ложку высушенных соцветий заливают 1 стаканом кипятка, настаивают 1 час и процеживают. Пьют по 1 столовой ложке 3-4 раза в день. При почечнокаменной болезни.

2.Мазь, приготовленную из цветков,( которые настаивают на водке) и смешанных 1:1на любом жире, назначают для лечения суставов для растираний. И внутрь в виде настойки на водке 1:5 по 30 капель 3 раза в день.

### СТЕВИЯ

Стевия - это лечебное растение особенное для тех, кто старается найти натуральный заменитель сахара: диабетики и те, кто сидит на диетах и хочет похудеть. Листья Стевии, также применяют в косметике. Стевия способствует выводу из организма вредных веществ: шлаков, солей тяжелых металлов, продуктов обмена, оказывает укрепляющее и общетонизирующее действие, восстанавливая силы человека после физического или нервного истощения, замедляет процесс старения.

Это хорошее средство для профилактики и лечения сахарного диабета и сердечно - сосудистых заболеваний. Стевия не имеет никаких противопоказаний. Стевиозид не понижает сахар у здоровых людей. Она является природным консервантом, обладает противогрибковым и антимикробным действием.

## ЗОЛОТОЙ УС

Этот рецепт в качестве профилактики можно применять всю жизнь. Он также выводит шлаки из организма, песок из почек и мочевого пузыря. Уже через несколько дней исчезает или уменьшается сухость во рту, отмечается улучшение самочувствия, повышается трудоспособность.

1. Измельчить и залить 1 литром кипятка один большой лист золотого уса, настаивать сутки, лучше в термосе. Пить тёплым по 50 г за 40 минут до еды 3 раза в день.

Золотой ус также может помочь в лечении бронхиальной астмы.

2. Измельчить и настоять в 1 литре водки 30 суставчиков и поставить на 9 дней в тёмное место. Принимать 3 раза в день за 40 минут до еды по 1 чайной ложке. Обязательно посоветуйтесь с врачом, может быть аллергия. Дополнительно нужно приготовить другой состав: взять 5 головок чеснока, измельчить в чесночнице, выжать сок шести лимонов и смешать всё с 0,5 л мёда. Настаивать 7 дней в тёмном месте. Полученный состав принимать по 4 ч л. с интервалом в 10 минут между приёмами каждой ложки.1 раз в середине дня. Курс – 1 месяц. Этот

рецепт принимают при онемении конечностей, полиартрита, язвы желудка, тромбофлебите и ОРЗ.

**Ишемическая болезнь, стенокардия**

3. Срезать ствол с листьями пропустить через мясорубку, выжать сок и смешать его с мёдом. Пить 2 раза в день (утром и вечером) по 1 ст. л .

# КАЛЕНДУЛА ЛЕКАРСТВЕННАЯ

Большинство недугов, которые возникают у человека можно устранить без применения дорогостоящих лекарств. Такая терапия, оказывает более эффективное воздействие на наш организм. И что очень важно, она дешевле и абсолютно безвредна. Многим календула известна еще как «ноготки» по причине особой формы ее листьев. Календула содержит огромное количество биофлавонидов. Именно они и наделяют календулу антисептическими, вяжущими, противогрибковыми и многими другими полезными свойствами. В народной медицине календула применяется для лечения всевозможных заболеваний. Также экстракт календулы применяют при изготовлении фармацевтических средств, настоек, мазей, а также косметики и шампуней для волос.

# ОРЕГАНО ИЛИ ДУШИЦА

В медицине препараты душицы применяют как седативное средство при неврозах, бессоннице, головной боли, а также при гастритах, дискинезиях желчных путей, холецистите, туберкулезе легких.
В древности медики рекомендовали душицу при головной боли. Также это растение действует на печень, помогает при отравлениях. Вино с листьями и цветками орегано является хорошим лекарством от укусов животным. Это лекарство употребляют при геморрое, оно

лечит легкие, укрепляет нервную систему. В народной медицине это растение считают хорошим лекарством при зубной боли (в данном случае используют отвар из листьев орегано). Листья его, также как и листья мяты, мелиссы, благодаря эфирным маслам, входящим в их состав, используют для лечебных ванн, которые действуют успокоительно и обезболивающе при золотухе, сыпях, нарывах. Это дезинфицирующее, отхаркивающие,, бактерицидное, противовоспалительное, желчегонное, потогонное, мочегонное средство Душицу используют для лечения, коклюша, туберкулёза, астмы, бронхита, при вздутии живота, ревматизме, эпилепсии, мигренях, диарее, желтухе, она снимает тошноту.

В гинекологии душицу применяют как средство регулирования менструаций. Также она оказывает успокоительное действие на центральную нервную систему при нарушении психической деятельности, является успокаивающим средством при сильном половом влечении. Её часто включают в состав грудных, потогонных и ветрогонных сборов. В гомеопатии растение рекомендуют при гипертонической болезни и атеросклерозе. Специалисты советуют нюхать сухие листья и цветочные верхушки при насморке и головной боли. Душица побуждает аппетит и облегчает пищеварение. В парфюмерно-косметической промышленности эфирное масло душицы используют при изготовлении мыла, одеколонов, зубных паст, помад.

## ВСЕ О ВИШНЕ

Вишню очень полезная природная ягода. Ее едят в свежем виде, замороженном, выжимают соки, консервируют и сушат. Из нее делают компоты, наливки, варенье, джемы, сиропы, ликеры и вина. Листья вишни идут на суррогат чая, применяют их при консервировании и засолке овощей, кладут в варенье. В вишне содержится много полезных веществ. Ее широко примсняют в народной медицине, она улучшает аппетит и пищеварение, обладает отхаркивающим, антисептическим, и слегка слабительным действием. Наши предки, чтобы изгнать хворь из тела, прислонялись к вишне, а детей, чтобы они имели силу, поили настоем с вишневой золы. Она укрепляет иммунитет, очень действенна в борьбе с вирусами, простудами. Ягоды вишни очень эффективны при простуде. Благодаря биофлавоноидам десять вишен практически легко заменяют одну таблетку аспирина. Вишня рекомендуется для профилактики и лечения малокровия, укрепления сердечной мышцы и сосудов. Она очень хороша для быстрого восстановления после инсультов, улучшает кровообращение, насыщает кислородом мозг, является отличным антиоксидантом, замедляет процессы старения. Ее соком прекрасно утолять жажду при повышенной температуре. Также она входит в составы сборов для лечения многих болезней.

1.Рецепт:если Вы кашляете или начинается грипп , а грипп обычно бывает когда вишни уже нет, нарвите с дерева веточек и прокипятите 5 минут накройте крышкой дайте настоятся и пейте, вкус и запах вишни и очень помогает как отхаркивающее.

2.Рецепт: возьмем в равных долях листья вишни и лекарственной ромашки. Зальем 1,5 стаканом кипятка одну столовую ложку полученного сбора и прокипятим на медленном огне 10 - 15 минут. Затем накрываемся полотенцем и дышим над паром 7-10 минут.

**При гипертонии**. Рецепт: заливаем 2 чайные ложки плодоножек 1 стаканом воды, доводим до кипения, настаиваем в течение 1 часа и пьем 4 раза в день по 1 ст. ложке.

**При неврозах**, предрасположенности к судорогам, ревматизме. Рецепт: 1 ст. ложку хорошо измельченной коры вишни заливаем 1 стаканом холодной воды и кипятим 10 - 15 минут, затем снимаем с огня, настаиваем 10 минут, процеживаем и принимаем по полтора стакана в день.

**При болезнях почек.** Рецепт: возьмем по две части листьев вишни, цветков пижмы, пятнадцать частей головок красного клевера, одну часть листьев ежевики. 1 ст. ложку сбора заливаем 1 стаканом кипятка, закрываем крышкой и настаиваем 20 минут. Пьем небольшими дозами за 25 - 30 минут до еды в течение дня.

**При малокровие.** Рецепт: возьмем 4 части листьев вишни, 14 частей календулы, 8 частей чабреца. 1 часть листьев рябины. Одну ст. ложку сбора заливаем стаканом кипятка. Настаиваем 30 минут. Пьем небольшими глотками за 25 - 30 минут до еды в течение дня. Можно этим настоем полоскать горло при простуде.

## ГЛАВА 2

### Лечебные растительные масла
**Масло шиповника**

Масло шиповника имеет специфический ненавязчивый аромат и горьковатый привкус. А в зависимости от сорта растения и места его произрастания, масло шиповника может отличаться по цвету: от розовато-золотистого до ярко оранжевого и даже бурого. Химический состав масла шиповника отличается большим количеством содержащихся в нём насыщенных и ненасыщенных жирных кислот. Масло шиповника – это отличное натуральное желчегонное средство. Его полезно употреблять при холецистите, гепатите и других заболеваниях, связанных с ухудшением процесса желчеотделения.

Положительно оно влияет и на секрецию желудочного сока, в связи, с чем рекомендуется при разных формах гастрита. Считается, что при регулярном применении масла шиповника происходит снижение уровня холестерина в крови. Это, профилактика сердечнососудистых заболеваний, и помогает в борьбе с лишним весом.

Масло шиповника полезно также пациентам, страдающим атеросклерозом, так как укрепляет стенки кровеносных сосудов и препятствует образованию атеросклеротических бляшек, одновременно способствуя рассасыванию уже имеющихся.

Кроме того, шиповник, и его препараты, применяют в качестве общеукрепляющих и поливитаминных средств при инфекционных заболеваниях, авитаминозе, кровотечениях, ожогах и обморожениях. В последних двух случаях масло шиповника можно использовать как внутренне, так как оно ускоряет заживление ран, термических ожогов и даже лучевых поражений.

О ранозаживляющих свойствах данного масла следует помнить также в случаях возникновения стоматита и гингивита. Оно способствует быстрому выздоровлению, и повышает защитные свойства слизистой оболочки полости рта. Масло шиповника часто рекомендуют при заболеваниях слизистых носа и горла. В некоторых случаях вместо закапывания, в нос на несколько минут вставляют марлевые тампоны, пропитанные шиповниковым маслом, и потом повторяют эту процедуру 5 раз в день. Кормящим матерям масло шиповника может помочь с проблемой потрескавшихся сосков. Масло шиповника является антидепрессантом. Его включают в ежедневный рацион для борьбы с нервными расстройствами и для поднятия душевного настроя.

**Масло расторопши**

Расторопшу в народе обычно называют чертополохом. Она с давних времен широко используется в медицине и считается сильным лекарственным средством. Его применяют для профилактики многих болезней. Благодаря своим многочисленным полезным свойствам, оно активно используется в народной медицине.

Масло расторопши можно применять как внутрь, так и наружно. Получают такое масло методом холодного отжима из семян расторопши. Внешне оно представляет собой маслянистую жидкость, которая имеет желтовато-зеленый цвет и приятный специфический запах и вкус.

Целебные свойства расторопши были известны еще в глубокой древности. Сейчас применение этого растения разрешено официальной медициной многих стран, в том числе и Россия.

Это масло показано людям, восстанавливающимся после заболеваний печени, а также тем, кто проходит курс химио - или лучевой терапии.

Масло расторопши способно устранять побочные эффекты при приеме лекарств, которые негативно воздействуют на печень. Данное растительное масло очень полезно при заболеваниях кишечника, печени и желудка. Показаниями к применению являются: цирроз и жировая дистрофия печени, гепатиты; гастриты, язва желудка и двенадцатиперстной кишки; дискинезия желчевыводящих путей. Масло применяют при пародантозах и стоматитах.

Оно полезно при многих видах дерматозов, при аллергических заболеваниях кожи, облысении, псориазе, ожогах, опрелостях кожи, витилиго и др.

Применяется масло при проблемах с сердечнососудистой системой, при заболеваниях уха, горла, носа; а также при женских заболеваниях. Масло расторопши является абсолютно безвредным средством. Но в случае серьезных заболеваний, лучше все-таки обсудить применение масла с лечащим врачом.

Основным действующим веществом этого растения является силимарин. В масле расторопши насчитывается 12 видов силимаринов. Эти вещества способствуют укреплению мембран клеток, особенно клеток печени. Как известно, именно печень первой принимает на себя удар от воздействия различных токсических веществ. Поэтому здоровье печени очень важно. А силимарин укрепляет и регенерирует ее клетки. Это масло активизирует обменные процессы, способствует сжиганию жира. Оно обладает желчегонным эффектом. А ведь выработка достаточного количества желчи просто необходима для нормального пищеварительного процесса в организме.

Масло расторопши богато жирорастворимыми витаминами A, D, E, F. Данные вещества очень важны для сердечнососудистой системы человека. Они снижают уровень вредного холестерина в крови, препятствуя его отложению на стенках сосудов. Необходимы эти вещества и для нормальной деятельности нашего мозга.

Это масло способно укреплять иммунитет и повышать общую сопротивляемость организма различным заболеваниям.

Данные вещества также предотвращают преждевременное старение организма и поддерживают его репродуктивные функции.

Каротин нужен для сетчатки глаз, а также он выступает и в качестве фактора роста. В масле расторопши имеется значительное количество витаминов E и A, которые являются мощными антиоксидантами. Они защищают организм от преждевременного старения, а также от развития злокачественных процессов в нем. Эти витамины оказывают положительное воздействие на состояние нашей кожи и глаз, препятствуют развитию воспалительных процессов. Содержит это масло и витамин D, который необходим нашему организму для полноценного усвоения фосфора и кальция. Он способствует укреплению иммунитета и нормальному функционированию сердца, сосудов и щитовидной железы. Витамины группы В очень важны для полноценной деятельности мозга, нервной сердечнососудистой, эндокринной и мышечной систем организма человека.

### ЛЬНЯНОЕ МАСЛО

Льняное масло является уникальным продуктом, обладающим целебными свойствами, который подарила природа.
Это масло примененяют не только в питании, промышленности, медицине, но и в косметологии. Масло из льняного семени положительно сказывается на состоянии волос, ногтей, кожи. По своему уникальному составу, этот ценный продукт оказывает антиоксидантное, регенирирующее, противовоспалительное, ранозаживляющее воздействие, является прекрасным средством питания, увлажнения, смягчения и защиты кожи тела, рук и лица. В своем составе оно содержит ценнейшие витамины и кислоты для здоровья и красоты нашей кожи (витамины Е, А, F, омега жирные кислоты), которые в совокупности ухаживают за ней, предотвращая преждевременное старение. Ценнейшие омега жирные кислоты наш организм самостоятельно не синтезирует, поэтому необходимо восполнять их уровень в организме с помощью употребляемых продуктов. При этом если омега-6 присутствует еще в некоторых видах растительных масел (рапсовое, горчичное), то омега-3 мы можем получить только из льняного масла. Дефицит такого рода ненасыщенных жирных кислот может способствовать развитию псориаза, экзем, различных дерматитов и некоторых других кожных заболеваний. Лечение льняным маслом дает эффективный результат. Льняное масло можно добавлять в овощные салаты,

постные блюда, картофель, каши или пить в чистом виде для профилактики. Ежедневное употребление масла в количестве одной-двух чайных ложечек два раза в день за двадцать минут до приема пищи способствует улучшению состояния кожи, волос, ногтей, нормализации обменных процессов в организме, пищеварения, улучшению работы печени, а также укреплению иммунитета.

## СЕМЕЧКИ ПОДСОЛНУХА

Семена подсолнуха – это удивительный продукт. Биологическая ценность семечек выше, чем ценность яиц или мяса, а вот перевариваются и усваиваются они гораздо легче.
Витамина D в них больше, чем в жире печени трески, вещества, содержащиеся в семечках, улучшают состояние кожи и слизистых оболочек, приводят в норму их кислотно-щелочной баланс. Именно поэтому семена подсолнуха часто применяются в косметологии.
В белках семечек содержится множество незаменимых аминокислот, обеспечивающих нормальный жировой обмен в организме. В семечках очень много ненасыщенных жирных кислот – линолевой, пальметиновой, олеиновой, стеариновой, арахидоновой и других. Без ненасыщенных жирных кислот клеточные мембраны и нервные волокна будут очень уязвимыми, и раньше начнут разрушаться; накопится лишний холестерин, способствующий развитию атеросклероза и возникновению инфаркта миокарда.
Калия в семечках почти в 5 раз больше, чем в бананах или апельсинах.
Богаты семечки и жирорастворимыми витаминами – A, E и D, а также витаминами группы B. Витамина E в них столько, что всего 50 г семечек хватит, чтобы удовлетворить суточную потребность в нём взрослого человека. Известно, что витамин E – мощный антиоксидант, обладающий выраженным антиканцерогенным

действием, предотвращающий развитие атеросклероза и защищающий от различных видов излучений, в том числе компьютерных. Витамин D необходим для развития и роста костей, и особенно нужен детям и подросткам; витамин A сохраняет наше зрение, а также красоту кожи, волос и ногтей. Благодаря всем этим компонентам, энергетическая ценность семян подсолнуха очень высока: в 100 г семечек содержится до 700 ккал. Это в несколько раз калорийнее, чем мясо и хлеб, а тем более фрукты и овощи. Не следует покупать очищенные семечки – в них окисляются жиры, а это очень вредно.

Заболевания сердечнососудистой системы можно предупредить, если съедать каждый день по 100 г семечек подсолнуха; облегчают они и болезни печени. Спортсменам и тем, кто занят тяжёлым трудом, семечки тоже очень полезны – они укрепляют мышечную систему. После тяжёлых инфекционных заболеваний, травм или переломов сырые семечки подсолнуха способствуют восстановлению и заживлению тканей.

Из очищенных семечек получают подсолнечное масло, отличающееся очень полезными свойствами: его можно использовать для лечения и профилактики тромбофлебита, заболеваний желудочно-кишечного тракта и лёгких, при зубной боли.

В семечках подсолнуха много цинка, участвующего в работе вилочковой железы, и оказывающего благоприятное воздействие на волосы – они становятся сильными и блестящими.

Подростки, которые, любят, есть сырые семечки, защищены от появления на лице прыщей и угрей, а тем, кто страдает от ожирения, семечки помогают выводить холестерин, даже в тех случаях, когда специальные диеты бесполезны.

При бронхите отваром семечек лечат кашель.

1. Семечки (2-3 ст.л.) заливают подслащенной водой (0,5 л), и кипятят до тех пор, пока четвёртая часть воды не испарится. Отвар процедить и принимать по 1 ст.л. 3 раза в день.

Из недозревших семечек подсолнуха готовят лекарство, помогающее нормализовать давление и предотвратить атеросклероз.

2. Банку сырых семечек подсолнуха (0,5 л) высыпают в кастрюлю и заливают 2 литрами воды. После закипания варят 2 часа на медленном огне. Отвар процеживают, и пьют в течение дня, небольшими порциями, 2 недели. Потом делают перерыв – 5 дней, и повторяют курс. Продолжать принимать отвар нужно до тех пор, пока давление не придёт в норму.

С помощью семечек подсолнуха можно предупредить развитие депрессии, снять тревожное состояние.

1. Купите 10 стаканов семечек, и съедайте каждый вечер по 1 стакану, очищая семечки пальцами, а не расщёлкивая их зубами. Через 10 дней такого «лечения» вы почувствуете, что стали спокойнее.

Употреблять семечки лучше сырыми. Во всяком случае, не стоит жарить их заранее, и тем более покупать поджаренные семечки в пакетиках – вместо пользы от них можно получить вред.

Лучше жарить семечки слегка, или просто подсушивать.

Не следует грызть семечки часто – так вы повредите зубную эмаль. Тем, кто хочет похудеть, стоит помнить, что семечки калорийны. Это не означает, что от них надо отказаться, но не следует сочетать их с другой калорийной пищей: хлебом, мясом, шоколадом, белым рисом.

## ГЛАВА 3
## ПОЛЕЗНЫЕ СВОЙСТВА ОРЕХОВ
### Кедровые орехи

Главное богатство сибирского кедра — его орехи. Они содержат более 61 % жира, 20 % белков, 12 % углеводов. Орехи очень питательные и целебные. Полезен кедровый орех при иммунодефицитных состояниях, аллергических заболеваниях, атеросклерозе, ишемической болезни сердца, заболеваниях желудочно-кишечного тракта и желчекаменной болезни. Считается, что постоянное употребление натуральных кедровых орешков или кедрового масла, ведет к выздоровлению при любых заболеваниях кожи. Принимать состав лучше два раза в год — осенью и весной. Качественный состав кедровых орехов отличается от состава других видов . Поэтому они превосходят многие другие виды по своей биологической, лечебной и питательной ценности.

В кедровых орехах содержится цинк, особенно необходимый мальчикам и мужчинам, и железо – элемент, являющийся важнейшей составляющей протеинов и гемоглобина. Для восполнения суточной потребности человека в большинстве перечисленных элементов, а также в аминокислотах, достаточно съедать всего горсть кедровых орешков в день .

Кедровые орехи рекомендованы к употреблению для лечения и профилактики атеросклероза, гипертонии и ишемической болезни сердца; при малокровии, быстрой утомляемости, стрессах, язве желудка и 12-ти перстной кишки, для снятия изжоги и отрыжки.

**Народные рецепты с кедровыми орехами**

**При отложении солей**, принимают настойку кедровых орешков, делают ее так: заливают очищенные орехи 30гр. 0,5 литра водки и настаивают 40 дней. Принимают каждый день: сначала 8 капель, потом 13, 18 и т.д., ежедневно прибавляя по 5 капель. Когда дойдут до 25 капель, начинают считать в граммах, точно так же добавляя по 5 капель ежедневно: 5, 10, 15 и т.д. Курс лечения – месяц. Сибиряки считают этот рецепт очень эффективным.

Кедровыми орешками также **лечили нарывы**: просто прикладывали к ним размолотые ядра и фиксировали повязкой. Нарыв размягчался, вскрывался, а потом быстро заживал.

Измельчённые ядрышки кедровых орешков с мёдом принимают при **язве желудка** и 12-ти перстной кишки; для очищения крови ядрышки настаивают в лёгком вине, и также добавляют мёд – эту же настойку принимают при желчнокаменной и мочекаменной болезни.

**Для лечения суставов:** Взять 300 граммов неочищенных кедровых орехов, промыть, дать стечь воде и положить в стеклянную банку объемом 1,5 литра. Добавить 300 граммов сахарного песка и залить 0,5 литра хорошей, качественной водки. Все аккуратно перемешать, банку закрыть полиэтиленовой крышкой и поставить в темное место на один месяц, но обязательно раз в неделю открывать банку и состав перемешивать. Через месяц содержимое банки нужно процедить через двухслойную марлю. Полученный состав, это первый курс лечение суставов. После того как отлили состав, необходимо оставшийся в марле орех снова положить в чистую банку, добавить сахар, залить водкой 0,5 л и поставить новый состав в темное место на месяц. По истечению месяца состав снова отлить через марлю. Теперь орех нужно выбросить. Полученный состав, это второй курс лечения. По вкусу это средство напоминает горьковатый ликер.

Теперь о том, как принимать это лекарство. Первый курс: принимать по одной чайной ложке перед едой три раза в день. Состава как раз хватает на месяц. Пока принимается первый курс, настаивается новый раствор для второго курса, который пьется также по одной чайной ложке перед едой три раза в день.

Для усиления полезных свойств настойки, надо надкалывать каждый орешек, чтобы происходило растворение ядрышек орехов. Настойку можно делать без сахара, целебные свойства остаются без изменений или заменить его фруктовым сахаром- это диабетикам.

Среди полезных свойств настойки кедрового ореха, можно отметить следующее: благотворно воздействует на желудочно-кишечный тракт, восстанавливает кожу, заживляет трещины, ожоги, раны и ушибы;

очищает кровь и лимфу; повышает иммунитет; применяется при расстройстве слуха и зрения; повышает потенцию; обладает противоопухолевым действием. Этот рецепт я нашла в интернете очень эффективный, уже попробовали.

### Сливки из кедровых орехов

Ореховые сливки и молоко назначают кормящим матерям – это усиливает лактацию и улучшает состав молока. Беременным женщинам кедровые орешки тоже очень полезны – они укрепляют здоровье матери и плода. Когда у детей растут зубы, им необходимо давать орешки; они оказывают благотворное влияние на развитие всего детского организма.

Ореховые сливки, молоко и орешки полезны при заболеваниях крови и лимфы; они укрепляют иммунитет и повышают сопротивляемость организма к негативным внешним воздействиям.

Сливки из кедровых орешков всегда применялись жителями Сибири для лечения нервных расстройств, заболеваний почек, желудочно-кишечного тракта, атеросклероза. Очень эффективны сливки, а также молоко и масло орешков для лечения бери-бери – тяжёлой болезни, вызванной дефицитом витаминов группы В.

Кедровое масло используется при варикозном расширении вен - их смазывают 2 раза в день, с лёгким, осторожным массажем. Если регулярно использовать кедровое масло при фурункулёзе, экземах, и одновременно употреблять в пищу орешки, то наступает выздоровление. Иногда таким способом можно избавиться даже от рака кожи.

## ФИСТАШКИ И ИХ ПРИМЕНЕНИЕ

Деревом жизни - называют фисташковое дерево на Востоке. Фисташки очень полезны и вкусны.

Состав фисташек: в них рационально сочетаются калорийность и количество аминокислот, витаминов и минеральных веществ. Например, они содержат значительное количество меди, марганца и фосфора. В фисташках есть такие важные микроэлементы, как магний и калий.

Что касается витаминов, то фисташки богаты витаминами группы В, особенно В6. В этом орехи фисташки могут посоревноваться даже с говяжьей печенью. Если съедать 10 орешков в день, можно получить четверть нормы витамина В6 для взрослого человека Фенольные соединения, содержащиеся в фисташках, обеспечивают их антиоксидантную способность – то есть они сохраняют молодость организма, поэтому фисташки можно назвать молодильными орешками

Также очень важными веществами в фисташках считаются лютеин и зеаксантин – каротиноиды, помогающие сохранять зрение. Они также способствуют укреплению костной ткани организма: скелета, костей, зубов. Это единственный из орехов, который содержит эти каротиноиды.

И, наконец, клетчатка. В фисташках ее больше, чем во всех других орехах. 30 граммов фисташек содержит столько же клетчатки, сколько порция овсянки. Как известно, клетчатки всем очень не хватает.

Фисташки поддерживают жизненный тонус. Из-за удачного сочетания калорийности и полезных веществ фисташки подходят для лечебного питания. Особенность их в том, что технология обработки не предполагает никакого постороннего вмешательства, а значит это экологически чистый продукт. Фисташки рекомендуют в качестве поддерживающего средства в питании истощенных больных. Калорийность и богатый состав минеральных веществ позволяют использовать их в питании спортсменов и людей, занимающихся усиленным умственным трудом. При болезнях печени фисташки помогают усилить рабочие функции печени, а также прочищают желчные протоки от закупорок. Если присутствуют печеночные колики, с помощью фисташек можно их снять. Как дополнительное средство эти орехи помогают при лечении желтухи и малокровия. Если принимать фисташки регулярно, можно снять учащенное сердцебиение и сделать сосуды прочными.

Они полезны при заболеваниях дыхательных путей и туберкулезе. Фисташки считаются также афродизиаком – при регулярном приеме они усиливают половую потенцию, помогают улучшить качество спермы, повышают подвижность и живучесть мужских половых клеток.

Из всех известных орехов фисташки почти самые низкокалорийные: 550-650 калорий на 100 граммов в зависимости от сорта. Поэтому их можно считать диетическими и спокойно употреблять в пищу, даже если рекомендована особая диета. Что касается нормы потребления, советуют съедать не больше 10-15 ядрышек в день. Тогда и норма калорийности не превысится, и клетчатки с витаминами и минеральными веществами в организм поступит достаточно.

## ЦЕЛЕБНЫЕ СВОЙСТВА МИНДАЛЯ

Миндаль часто называют королевским орешком, хотя в науке он считается косточковым плодом.. Правда, чаще встречается миндальный кустарник. Родиной его считается Средняя Азия, однако широкая известность была обеспечена ему еще с древности, потому что саженцы миндаля путешественники развозили и высаживали по всему свету. И, тем не менее, это было очень дорогое лакомство, доступное лишь самым высоким лицам в государстве. Верно, это стало возможным не только благодаря отменному вкусу миндаля, но и его ценным свойствам, которые народные целители замечали и применяли в лечении разных заболеваний.

В миндале – высокое содержание мононасыщенных жиров, которые очень полезны для человека. Они способствуют выведению холестерина из организма. И замедляют старение организма. Также миндаль помогает предотвратить онкологические заболевания.

Из минеральных веществ в миндале много магния, калия, фосфора и кальция. Сочетание этих веществ делает миндаль полезным для сердечнососудистой системы и всего организма в целом.

Миндаль рекомендуют, есть вместе со шкуркой, так как в ней также содержатся полезные ингредиенты.

Замечено, что при регулярном приеме миндальных орехов человек становится гораздо спокойнее, у него улучшается сон. А это означает, что во время сна человек хорошо отдыхает и просыпается бодрым.

Если ребенок плохо растет, ему можно давать 4-5 орешков миндаля в день, это поможет более быстрому росту. При лечении мочекаменной болезни миндаль поможет вывести песок из почек.

При усиленной мозговой деятельности миндальный орех обогатит мозг фосфором и поможет оставаться в форме все время работы. Курильщики, принимая миндаль, помогут своему желудку понизить кислотность желудочного сока и тем самым облегчить протекание язвенной болезни или гастрита. Впрочем, этими заболеваниями страдают не только курильщики. Если у человека мигрень, малокровие, бессонница или судороги – также поможет прием миндаля в течение 3-4 месяцев.

## КОКОСЫ

В кокосовых орехах много полезных веществ: витамины А, С и группы В; минералы – кальций, натрий, калий, фосфор, железо; натуральные сахара, белки, углеводы, жирное масло, органические кислоты. Местное население стран, где растут **кокосы**, применяет их при отравлениях и поносах, а раньше ими даже лечили холеру. Из мякоти готовят капли, которые закапывают в уши при болях; молочко используют для лечения венерологических болезней, а пепел от скорлупы ореха отлично заживляет кожные язвы и воспаления. Кроме того, кокосовая вода может быть использована, как физиологический раствор – ведь в ней содержится множество полезных веществ, к тому же она обладает жаропонижающим действием. Поэтому в современной медицине кокосовое молочко используют при внутривенных инъекциях, вместе с глюкозой – это предотвращает обезвоживание и поддерживает баланс жидкости в организме. Молочко также улучшает работу почек и обладает выраженным мочегонным действием, при этом уничтожая инфекцию и способствуя растворению камней. Больным сахарным диабетом и людям, чья работа связана с тяжёлыми физическими нагрузками, тоже рекомендуется употреблять кокосовое молочко. Восточные медики также считают, что кокосовое молочко улучшает деятельность сердечнососудистой системы, восстанавливает нормальное качество крови и приводит в норму кровообращение, снижает уровень холестерина в крови и риск развития атеросклероза.

Молоко и масло кокоса обладают хорошим очищающим эффектом, а жиры, содержащиеся в них, восстанавливают работу многих органов и систем. Обмен веществ может прийти в норму, если чаще заменять некоторые продукты – например, сливочное масло, продуктами, приготовленными из мякоти кокоса: запах кокоса может уменьшать чувство голода и снижать аппетит, а вещества, содержащиеся в нём, быстро превращаются в энергию, не откладываясь в организме в виде жиров. Если регулярно употреблять мякоть кокосового ореха, человек станет менее восприимчив не только к вирусным, но и к грибковым инфекциям Кокосовая стружка за счёт содержащихся в ней волокон прекрасно очищает кишечник от шлаков и токсинов: даже после того, как она напитается водой, её структура остаётся пористой – этим и объясняются её очищающие свойства.

Кокосовое молоко и масло, в отличие от сока, содержат достаточно калорий, так что тем, кто следит за весом, увлекаться ими не следует. Однако кокосовое масло рекомендуется употреблять женщинам, для того, чтобы обеспечить профилактику остеопороза – это масло способствует более полному усвоению кальция. В кокосовом масле много жирных кислот, как и в других растительных маслах, но оно отличается высоким содержанием лауриновой кислоты – основной, содержащейся в материнском молоке. Лауриновая кислота, благодаря своим антибактериальным и антимикробным свойствам, уничтожает многие вирусы – кори, герпеса, гриппа и т.д.

Масло кокоса отличается нежным и приятным ароматом, поэтому оно издавна используется в косметологии.

## Полезные свойства арахис

Много в арахисе углеводов, растительного белка, органических кислот органического масла, витаминов В и Е, пантотеновой кислоты, Причем надо учитывать, что при нагревании большая часть полезных веществ разрушается, поэтому арахис лучше есть в сыром виде. Однако в некоторых случаях рекомендуют слегка обжаренные бобы, т.к. при небольшом нагревании они получают несколько иные свойства.

Французские ученые открыли, что арахис влияет на глубинные биохимические процессы в организме и оказывают стойкое фитотерапевтическое воздействие на него. Вещества, которые содержатся в арахисе, сходны по своему составу с подобными веществами красного вина, которое известно как лучшее средство для профилактики заболеваний сосудов и сердца.

Арахис можно использовать для профилактики рака и заболеваний сердца. Его можно использовать при дефиците белка, склеротических нарушениях сосудов, при диатезе у детей. Эти бобы также благотворно действуют на нервную систему: снимают синдром бессоницы, успокаивает при перевозбуждении и прибавляет сил при общем бессилии.

Принято также считать, что арахис способствует усилению половой потенции, улучшению памяти, внимания и слуха, а также может применяться после изнурительной болезни для поддержания сил.. Некоторые используют бобы для борьбы с запорами, т.к. богатый клетчаткой продукт способствует очищению кишечника и стимулирует его деятельность. При лечении кашля у детей можно давать несколько бобов арахиса с любой кашей несколько раз в день, накрошив их сверху. Будет необычно и полезно.

**Предостережение:**

Если человек борется с ожирением – ему надо очень осторожно потреблять арахис из-за его высокой калорийности.

Аллергия на арахис – одна из самых сильных. Она вызывает зуд, жжение и опухоль гортани.

При хранении бобы могут заплесневеть, что приводит к развитию особого плесенного грибка, выделяющего ядовитый афлатоксин. Поэтому тщательно смотрите на качество продукта.

**Арахисовое масло** по своим свойствам близко к оливковому, однако превышает его возможности по спектру применения. В народной медицине **масло арахиса** используют наружно для излечения ран, ожогов, ушибов и других проблем с кожным покровом. А в кондитерской промышленности оно используется для приготовления многих блюд, а также мороженого и шоколада. Причем масло разного качества может использоваться по-разному, вплоть до приготовления мыла. А из самих бобов делают растительную шерсть.

Проще всего съесть несколько бобов **арахиса** (здоровым людям можно до 100 граммов) в сыром или слегка обжаренном виде в течение дня.

**Кешью**

Родина орехов - Бразилия.

В Индии сегодня тоже растут деревья **кешью**, Готовят из них много вкусного: сок, компот, желе, джем. Орехи прекрасно переносят транспортировку, и их с успехом продают по всему миру. **Орехи кешью** действительно изогнуты, как запятая, и покрыты очень твёрдой оболочкой. Между верхней оболочкой и самим орехом есть ещё одна, ядовитая – содержащееся в ней масло может даже вызвать ожоги, поэтому орехи разделывают опытные профессионалы вручную, но и они часто обжигают этим маслом кожу.

Опасаться отравиться, однако, не стоит, так как ядовитое масло полностью удаляется при помощи специального обжаривания – оно испаряется, и после этого очищенные орехи можно употреблять в пищу. В скорлупе **орехи кешью** не продаются никогда.

Ядовитое вещество тоже используется людьми – например, в промышленности: из него делают состав для пропитки древесины, чтобы защитить её от гниения.

Вкус орехов нежный и маслянистый, и они могут показаться жирными, но это не так. Жира в **кешью** меньше, чем в арахисе, орехах и миндале, зато очень много полезных веществ: это белки, жиры, углеводы, пищевые волокна, крахмал, натуральные сахара, насыщенные и ненасыщенные жирные кислоты.

Калорий в кешью тоже много – 600 ккал на 100 г, однако достаточно и витаминов, и минералов. Для женщин очень важны витамины группы В и витамин Е – их содержание в орехах кешью достаточно высокое; есть также витамин РР. Минералы: кальций, натрий, магний, калий, железо, цинк, медь, марганец, селен.

Наверное, самое важное, что есть в **орехах кешью** – это ненасыщенные жирные кислоты Омега-3. Если

употреблять **кешью** хотя бы в небольших количествах, но регулярно, то уровень холестерина в крови всегда будет в норме, а клетки всех органов надёжно защищены: особенно клетки мозга – ведь их оболочкам для целостности необходимо большее количество жира. Человек, употребляющий **кешью**, вряд ли будет озабочен проблемами зубов и дёсен – разумеется, при соблюдении элементарных правил гигиены. Японские специалисты давно установили, что в ядрах орехов кешью содержатся вещества, губительные для бактерий, разрушающих эмаль зубов. Возможно, в скором времени появятся зубные пасты на основе **орехов кешью**. Африканские народные лекари тоже давно научились смазывать ротовую полость смесью измельчённых орехов **кешью** с медом – при лечении воспалённых дёсен и больных зубов. Поэтому орехи кешью иногда назначают стоматологи.

Раньше **кешью** считались афродизиаком, и это неудивительно – ведь в них много витамина Е, оказывающего благоприятное влияние на деятельность репродуктивной системы мужчин и женщин. По этой же причине **орехи кешью** полезны при кожных заболеваниях, и рекомендуются тем, кто страдает экземой, псориазом и другими кожными проблемами, связанными с нарушениями обмена веществ. Отваром скорлупы в африканских странах лечат бородавки, трещины на коже и дерматиты.

Орехи кешью укрепляют иммунитет. Орехи и их отвар употребляют при воспалениях, болезнях дыхательных путей – астме, бронхите, а также гриппе и других вирусных заболеваниях.

Эффективность орехов кешью в этих случаях объясняется их свойствами: антисептическим, тонизирующим, стимулирующим, антибактериальным и антимикробным.

С помощью **кешью** можно поддерживать здоровье сердца и сосудов; они с успехом дополняют лечение при сахарном диабете и желудочно-кишечных расстройствах .Если человек страдает анемией или истощением, и ему необходимо набрать вес, диетологи рекомендуют употреблять кешью; однако тем, кто желает избавиться от лишнего веса, рекомендуют то же самое – кешью прекрасно насыщают и усваиваются, и поэтому способствуют уменьшению количества потребляемой калорийной пищи. Конечно, есть их при этом нужно понемногу, частично заменяя ими другие калорийные блюда.

БРАЗИЛЬСКИЙ ОРЕХ

Калорий в бразильских орехах очень много: почти на 70% они состоят из жира, и почти на 20% - из белка, так что даже один орех

может позволить взрослому человеку продержаться целый день, если нет возможности поесть нормально. В мякоти ореха содержатся углеводы, витамины и минеральные вещества: фосфор, железо, магний, селен, калий и т.д. Особенно много в орехах селена, надо съесть всего 2 ореха, чтобы получить суточную норму этого элемента. С селеном связаны и основные лечебные свойства ореха: он оказывает антиканцерогенное действие, предотвращает, замедляет и даже останавливает развитие **различных опухолей.**
Бразильские орехи помогают вылечить бесплодие, нормализуют работу гормональной системы и половой сферы, предупреждая приход раннего климакса; укрепляют иммунную систему, обеспечивают профилактику атеросклероза и катаракты.
Селен ещё называют элементом долголетия. Он поддерживает здоровье и чистоту кожи, красоту волос, питает наши клетки – особенно клетки мозга.
Однако с употреблением бразильских орехов следует быть осторожнее: исследования, проведённые в крупнейшем университете Новой Зеландии, показали, что селен, может довольно быстро накапливаться в организме.
Специалисты отмечают, что излишества могут серьёзно повредить, не стоит съедать более 2-х бразильских орехов в день. К тому же мы получаем селен и из других продуктов питания.
Употребление бразильских орехов снижает уровень холестерина– благодаря высокому содержанию полиненасыщенных жирных кислот, так что даже масса тела приходит в норму.
Уровень сахара в крови тоже нормализуется, омолаживаются клетки и ткани – в бразильских орехах содержится много антиоксидантов. Человек становится более работоспособным, бодрым и жизнерадостным, а дети, съедающие хотя бы один орех в день, лучше растут и развиваются. Вытяжка из бразильского ореха

назначается для того, чтобы улучшить свёртываемость крови и повысить её качество. Так что тем, кому нужно привести в норму кровообращение, стоит употреблять орехи регулярно.

Полезные свойства бразильского ореха объясняются высоким содержанием аргинина и флавоноидов.

Аргинин способствует образованию оксида азота, расширяет сосуды, нормализует кровообращение и кровяное давление, препятствует образованию тромбов; увеличивает мышечную массу, а массу жировой ткани уменьшает.

Мужчинам аргинин помогает увеличить сексуальную активность и стимулирует образование сперматозоидов, поэтому в странах Латинской Америки бразильский орех называют «орехом любви». На женские половые функции он тоже оказывает благотворное влияние. Флавоноиды активно защищают от окисления все клетки нашего организма. Они оберегают нас от заболеваний сердца и сосудов, онкологии и преждевременного старения – поэтому бразильские орехи считают ещё и орехами долголетия

## ВСЕ О ГРЕЦКОМ ОРЕХЕ

Не все знают, насколько полезен орех. Хотя целебные свойства данного растения были известны еще в глубокой древности. Листья грецкого ореха использовали во время битв военные врачи как эффективное ранозаживляющее средство. Еще Авиценна советовал при заболеваниях, приводящих к истощению, с медом есть толченный грецкий орех. .В результате клинических исследований было выяснено о том, что водные экстракты из листьев грецкого ореха и околоплодников оказывает выраженное терапевтическое действие при различных формах туберкулёза кожи, гортани, туберкулёзном лимфадените.

Собирают листья грецкого ореха в июне. Сушат и складывают в ящики для бананов или в деревянные ящики с крышкой. В зрелых орехах калорийность в 2 раза больше, чем в пшеничном хлебе. Их рекомендуют при недостатке витаминов, а также железа в организме. Грецкие орехи богаты на клетчатку и масла, которые усиливают деятельность кишечника. Поэтому они полезны пожилым людям, у которых постоянные запоры, кормящим матерям, при проблемах с кишечником, печенью, малокровии. Они снижают уровень холестерина в организме. Богаты витаминами А, В, С, Е, поэтому желательно съедать ежедневно до 5 орехов. В рацион питания йогов обязательно входит грецкий орех.

## ГЛАВА 4
### Все о меде

Мед – уникальный продукт для человека, который применяют для лечения множества болезней. В народе говорят, что зрелый мед является основой для 100 лекарств.
Закристаллизованный в однородную массу мед – это лучший признак натурального зрелого и высококачественного меда. Употребляют его для лечения как внутрь, так и наружно – делают аппликации, электрофорез, ингаляции, клизмы, капли.

**Мед для лечения ангины, боли в горле, температуры**

1.1 ч.л. меда на 0,5 л воды. Полоскать горло через каждые 20-30 минут. При простуде любой мед лучше разводить теплым молоком (1 ст.л. на 1 стакан молока).
При заболеваниях органов дыхания (бронхит, фарингит, ларингит, ринит) хорошо помогают медовые ингаляции, при этом надо дышать в течение пяти минут 10 % водным распыленным медом. Добавление в медовый раствор витаминов А, В, С резко усиливает лечебное

действие ингаляций. Следует иметь в виду, что при лечении ингаляциями мед, настои трав и другие вещества оказывают лечебное действие не только на слизистые оболочки дыхательных путей, но и на весь организм, так как через альвеолы легких попадают сразу в кровь, минуя пищеварительные органы. Подсчитано, что общая всасывающая поверхность альвеол легких превышает общую всасывающую поверхность желудочно-кишечного тракта.

При простуде полезно пить на ночь 1 ст.л. меда, размешанного в стакане теплого настоя травы донника лекарственного. **Настой донника**: 1 ст.л. травы заварить 200 мл кипятка, настаивать час, процедить и пить. Можно принимать 1 ст.л. меда, размешанного в стакане молока или с соком лимона (сок одного лимона размешивается со 100 г меда), или сироп, состоящий из сока хрена с медом пополам. Обычно мед употребляют на ночь, так как он обладает значительными потогонными свойствами, особенно липовый мед. При заболеваниях легких (бронхите, даже туберкулезе), а также при сердечных заболеваниях рекомендуется длительное (до 60 дней) ежедневное употребление по 50-150 г меда в качестве эффективного общеукрепляющего средства. Более эффективное средство для лечения органов дыхания - это комплексный прием меда и 20% настойки прополиса на 96 С спирте. Пчелиный мед – широко употребляемое лечебное средство при простуде. Особенно полезен липовый мед, который вызывает наибольший потогонный эффект.

При простуде мед рекомендуется применять с горячим чаем или молоком на ночь (1 ст.л. на 1 стакан чая или горячего молока), с соком лимона (100 г меда и сок 1 лимона), малиной и другими лекарственными растениями, обладающими потогонным или отхаркивающим действием. При этом наблюдается взаимно усиливающий лечебный эффект меда и лекарственного растения.

1 ст.л. высушенных листьев мать-и-мачехи заварить как чай в 1 стакане кипятка. После того, как температура отвара несколько снизится, процедить и добавить 1 ст.л. меда. Принимать по 1 ст.л. 2-3 раза в день как отхаркивающее.

1 ст.л. высушенных плодов бузины черной заварить в 1 стакане кипятка. Настаивать 20 мин, процедить, добавить 1 ст.л. меда. Принимать по 0,25 стакана как потогонное средство.

1 ст.л. липы мелколистной заварить в стакане воды. Через 20 мин процедить и добавить 1 ст.л. меда. Принимать как потогонное по 0,5 стакана.

2 ст.л. сухих (или 100 г свежих) ягод малины заварить в стакане воды. Через 10-15 мин добавить 1 ст.л. меда и в теплом виде принимать как потогонное.

Во всех случаях применения меда как потогонного средства лучше всего принимать на ночь, при этом его действие более эффективно. При гриппе народным средством является медово-чесночная кашица: очищенный чеснок натирают на терке, смешивают с медом в соотношении 1:1 и принимают по 1 ст.л., запивая теплой водой, перед сном.

## ТИБЕТСКИЙ ГРИБ

Грипп не любит соприкосновения с металлом. Все предметы, с которыми будет соприкасаться гриб и простокваша должны быть пластиковыми, деревянными или стеклянными.

Технология приготовления простокваши: гриб залить молоком (можно в стеклянной банке), через сутки молоко превратилась в простоквашу и гриб надо отделить от неё: через пластиковое сито процедить простоквашу в стеклянный или пластиковый графин, помогая ложкой или лопаткой .Гриб промыть в теплой проточной воде, поместить гриб в пустую банку, залить гриб молоком, а простоквашу выпить. Вкус и консистенция простокваши очень зависит от температуры окружающей среды. Если окружающая среда очень теплая, или количество молока для гриба уже мало, то молоко очень быстро скисает, и вкус простокваши получается очень кислый. Попробуйте приноровиться к грибу: заливать Тибетский молочный гриб большим количеством молока поменять место пребывания банки с молоком и грибом (переместить от плиты на подоконник, или совсем убрать в холодильник), уменьшить количество гриба в банке (отделить в другую банку с водой и спрятать в холодильнике, подарить лишний гриб, продать, выбросить). Если Вам надо уехать в отпуск или Вы просто решили сделать перерыв в приеме простокваши, можно промыть гриб водичкой, поместить в баночку с водой и оставить на хранение в холодильнике.

Накопившуюся простоквашу можно превращать в полезный творог. Для этого надо довести получившуюся простоквашу до кипения, прокипятить 3-5 минут и процедить через сито (можно металлическую) или дуршлаг. Из 1,5 литров простокваши получается примерно 200 грамм творога. На оставшейся сыворотке после остывания можно испечь блины, пироги, протереть кожу лица и тела, добавить в воду для принятия ванны. Польза прокипяченной сыворотки уменьшается, но некоторые полезные свойства в ней сохраняются.

Существует также способ приготовления творога без кипячения с помощью хлористого кальция. В простоквашу добавить 1-2 ложки хлористого кальция и перемешать. Процедить, и получается обычный кальцинированный творог и полезная кальцинированная сыворотка. Такие продукты очень полезны, если у Вас: ломкость ногтей, секущиеся волосы, признаки остеопороза, период менопаузы

## ГЛАВА 5

## ЛЕЧЕНИЕ СОКАМИ ФРУКТОВ И ОВОЩЕЙ
## ПРАВИЛА ПРИГОТОВЛЕНИЯ ОВОЩНЫХ СОКОВ

Тщательно промойте овощи, на них могут быть микробы, химические веществами, защищавшие растения от вредителей. Испорченные, несвежие экземпляры удалите. Клубнеплоды, загрязненные землей, вымойте щеткой под проточной водой. Кожицу с овощей срежьте тонким слоем желобковым ножом или простым кухонным ножом. Перерабатываем овощи, для приготовления соков, непосредственно перед использованием. Держать очищенные овощи на воздухе или в воде нельзя - это разрушает витамины. Приготовить сок можно разными способами: пропустить их через мясорубку, натереть на терке, а потом отжать через новый капроновый чулок или марлю, сложенную в 4 слоя. Но гораздо удобнее получать соки с помощью соковыжималки, а измельчать зелень в блендере. Ученые выяснили, что полученные соки в центробежной соковыжималки, намного ценнее, чем соки, приготовленные другими способами. В соковыжималки сок готовится намного быстрее, и поэтому, меньше окисляется. В нем сохраняются биологически активные вещества, поэтому целебные свойства сока будут выше. Наибольшую лечебную силу сок имеет в первые 20 минут. Однако, свекольный сок легче, приятнее пить после того, как он постоял в холодильнике не менее 2 часов. Консервированные соки содержат витаминов меньше, чем свежие. Пить сок нужно мелкими глотками или лучше всего, используя соломинку. Употреблять сок желательно за 30 минут до еды. Подсаливать натуральные овощные соки - нельзя. Соки, приготовленные из зелени, смешивайте в пропорции 1:2 с другими овощными соками. Не рекомендуется употреблять большими порциями соки чеснока, лука, редьки, хрена, редиса, других острых овощей.

Используйте их по одной - две чайных ложки с другими соками. Сок свеклы, обычно составляет третью часть в составе

## ЛЕЧЕНИЕ СОКОМ СВЕКЛЫ

Свекла — рекордсмен по количеству йода. Богата она также на витамины: витамины группы В, РР, К, И, Е, С, бета-каротин. Благодаря тому, что она имеет высокое содержание солей железа, кобальта, марганца и она полезна при анемии. Вещества, из которых состоит свекла, интенсивно выводят шлаки, яды и токсины, поэтому в первые дни употребления свекольного сока могут быть тошнота, головокружение. Свекольный сок — одно из ценнейших средств для увеличения образования эритроцитов, улучшения состава крови. Он обладает желчегонным, антимикробным, мочегонным, антитоксическим, успокаивающим, обезболивающим действием. Применяют его для лечения атеросклероза, артериальной гипертонии, бессонницы, ожирения. Хорошо он укрепляет память, нормализует обмен веществ, улучшает иммунитет. Свекольный сок полезен для женщин: он лечит половые органы, стабилизирует менструальный цикл, помогает снимать неприятные ощущения и симптомы в период менопаузы. Чтобы свекольный сок стал приятным на вкус, и потерял терпкость его на несколько часов ставят в холодильник, сняв предварительно пену. Ежедневно желательно пить по 500 мл свекольного сока вместе с морковным.

## ЛЕЧЕНИЕ СОКОМ ШПИНАТА

Листья шпината имеют в большом количестве калий, фосфор, магний, йод, железо, каротин, аскорбиновую кислоту, витамины группы В, D, РР,Е, К. Шпинат незаменим при недостатке в организме железа, анемии, стимулирует и улучшает деятельность системы пищеварения, активизирует работу кишечника, предотвращает пародонтит, укрепляет нервную систему, выводит шлаки из организма. Назначают для укрепления сосудов, сердечной мышцы. лечения сахарного диабета, туберкулеза. Пьют сок шпината в основном с другими соками.

## ЛЕЧЕНИЕ СОКОМ ТОМАТОВ

Томатный сок имеет большое количество каротина, калий, натрий, магний, витамины группы В, С, Е, железо, кальций, органические кислоты (лимонную, яблочную, винную, щавелевую,), сахара (фруктозу и. глюкозу) и много других полезных веществ. Свежие томаты и их сок являются противовоспалительными, желчегонными, мочегонными, сосудоукрепляющими, противосклеротическими и противомикробными средствами. Томатный сок улучшает обмен веществ, нейтрализует в крови кислоту, стимулирует выделение желудочного сока, активизирует работу желудка и пищеварительные процессы. Он обогащает организм витаминами, минералами, восстанавливает организм после болезней, перегрузок как физических, так и умственных, улучшает работу поджелудочной железы, стимулирует половые функции. Выпивая ежедневно 1 стакан томатного сока, можно обеспечить себя витаминах А и С на целые сутки. При лечении томатным соком нужно исключить из употребления сахар, крахмал так, как не будет нужной щелочной реакции. Томатный сок рекомендуется пить 120 мл трижды в день за полчаса до еды.

## ЛЕЧЕНИЕ СОКОМ МОРКОВИ

В моркови великое множество различных витаминов, но она рекордсмен среди овощей по содержанию каротина (провитамина А). Каротин благотворно действует на рост человека, ускоряя его. Поэтому морковный сок назначают детям, отстающих в развитии. Морковь богата солями калия, йода, кальция, фосфора, натрия, железа, магния. Морковный сок способствует улучшению состояние кожи и зубов, нормализует обмен веществ, очищает организм от шлаков, стимулирует деятельность нервной системы. Он рекомендуется для повышения аппетита, улучшения пищеварения, и как лекарство при лечении кожных воспалений, дерматитов, язв, конъюнктивитов, злокачественных опухолей. Ежедневное употребление морковного сока стимулирует деятельность надпочечников и верхних дыхательных путей, приводит в норму энергетический баланс организма. Назначают его при инфаркте миокарда, гастрите (при условии, если желудочный сок с повышенной кислотностью желудочного сока), воспалении в полости рта, горла, язве желудка, двенадцатиперстной кишки, нарушении обмена веществ, ожирении Для глаз морковный сок – очень нужное и незаменимое питание. При постоянном употреблении его улучшается зрение, состояние волос, кожи и ногтей, ослабляется негативное действие на организм антибиотиков, помогает выводить камни при мочекаменной болезни. Применяют его при анемии, авитаминозе, в период восстановления организма после тяжелых болезней.

## ЛЕЧЕНИЕ СОКОМ РЕПЧАТОГО ЛУКА

Сок репчатого лука очень полезен для здоровья. Он содержит эфирные масла, сахара, азотистые вещества, органические кислоты, гликозиды, минеральные соли, большое количество витаминов: B2, B6, B1, B12, E, PP, C, каротин. Луковый сок, благодаря фитонцидам, обладает бактерицидным, противосклеротическим, гипотензивным, антиаритмическим, противоаллергическим, мочегонным, потогонным, противовоспалительным, противоопухолевым, противоглистным, спазмолитическим, ранозаживляющим действием. Он тонизирует организм, регулирует пищеварение, повышает сопротивляемость инфекциям, сердечную деятельность, способствует активности печени, поджелудочной железы, почек, бронхов.

## ЛЕЧЕНИЕ СОКОМ ПЕТРУШКИ

В корнях и листьях петрушки содержится аскорбиновая кислота, эфирное масло, минеральные соли. Листья растения обладают каротином. Петрушка используют как мочегонное и потогонное средство. Она стимулирует пищеварение, улучшает аппетит, убирает отеки, возникшее вследствие сердечной недостаточности. Сок из петрушки стабилизирует функции надпочечников, щитовидной железы, действует укрепляюще на кровеносные сосуды. Его пьют при камнях в почках, мочевом, желчном пузыре при лечении заболеваний глаз нефритов, зрительного нерва. Сок из петрушки улучшает работу сердца, сосудов и дыхания. Чтобы быстро восстановить зрение пьют сок петрушки с морковным соком (1к 3) с целью осветления веснушек и пигментных пятен в косметологии свежим соком петрушки смазывают кожу лица и рук. Как внутреннее средство нужно выпивать не более 1 ст. ложки свежевыжатого сока за 1 раз и только 60 мл сока в день. Также сок петрушки не рекомендуется при воспалении почек.

## ЛЕЧЕНИЕ СОКОМ СЕЛЬДЕРЕЯ

Корень сельдерея содержит сахара, соли калия, кальция, фосфора, натрия, щавелевую кислоту, холин, эфирное масло, витамины группы В, С, РР, А. Полезные вещества содержатся у сельдерея и в корне, и в листьях. Сок сельдерея помогает поднять тонус всего организма, улучшает пищеварение, кроветворение, повышает аппетит. Он имеет слегка мочегонное, слабительное действие, выводит из организма яды, токсины, шлаки, укрепляет хорошо сердечную мышцу. Его рекомендуют при авитаминозе, цистите, пиелонефрите, дерматитах, аллергической крапивнице мочекаменной, желчнокаменной болезнях, гастритах, запорах, язве желудка, двенадцатиперстной кишки, ожирении, подагре, гипертонии, сахарном диабете, болезненных

## ЛЕЧЕНИЕ СОКОМ ОГУРЦА

В огурцах содержатся: йод, калий, кальций, железо и фосфор, небольшое количество каротина, витамины С, В, Р, РР, В2. Огуречный сок применяют как болеутоляющее успокаивающее.желчегонное, мочегонное и слабительное средство, используют при запорах, отеках, водянке, болезнях сердца. Сок огурца также повышает аппетит, способствует всасывание жиров, белков. Хорошее лекарство при желудочно-кишечных коликах. В чистом виде огуречный сок рекомендуют при кашле, болезнях верхних дыхательных путей, иногда в этот напиток добавляют немного меда. В смеси с свекольным и морковным соками его применяют при ревматических заболеваниях. Высокое содержание калия делает сок огурца полезным при лечении гипертонии, болезней сердца. Он укрепляет хорошо сердечную мышцу, стабилизирует деятельность нервной системы, замедляет развитие атеросклероза, благотворительно действует на сохранение памяти в старческом возрасте, на состояние кожи, ногтей, волос. Для удаления веснушек, угрей, пигментных пятен свежим соком огурца протирают лицо. Особенно полезен огуречный сок для жирной кожи лица. Ежедневно желательно употреблять не менее 100 мл свежего огуречного сока.

## ЛЕЧЕНИЕ СОКОМ СТРУЧКОВОГО ПЕРЦА

Плоды стручкового перца содержат жирные и эфирные масла, витамины В1 В2, С, Р, сапонины, каротин, минеральные вещества. Наличие кремния в соке стручкового перца улучшает состояния ногтей, волос, и регулирует работу сальных желез, слезных протоков. Также укрепляюще действует на кровеносные сосуды и выводит из организма ненужный холестерин. Назначают его для профилактики и лечения атеросклероза, нормализации артериального давления.

Рекомендуется пить 50 мл сока стручкового перца в день при кишечных коликах, спазмах и скоплении газов.

## ЛЕЧЕНИЕ СОКОМ ТЫКВЫ

Содержание железа в тыкве больше чем в остальных овощах. Также, в тыкве содержатся соли калия, сахара, кальция, витамины А, РР, В1, В2, С. Тыква является мочегонным, регенерирующим, общеукрепляющим, мягким слабительным противолихорадочным средством. Мякоть и сок тыквы снимают отеки при сердечной недостаточности, лечат ожирение, сахарный диабет, подагру, авитаминоз, воспаление предстательной железы, атеросклероз, запоры, также токсикоз беременных. Употребление тыквенного сока с медом поможет при бессоннице, и успокоит нервную систему. Сок из тыквы стимулирует функцию желчного пузыря и выводит из организма ненужный холестерин.

## ЛЕЧЕНИЕ СОКОМ УКРОПА

Укроп богат флавоноидами, каротином, витаминами группы В, С, РР, возбуждает аппетит, улучшает пищеварение, выводит газы с кишечника, обладает мочегонными, слабительными свойствами. Сок из него применяют как витаминное, успокаивающее, тонизирующее, общеукрепляющее средство, назначают при нарушении сердечного ритма, гипертонии, атеросклерозе, для расслабления кишечника.

## ЛЕЧЕНИЕ СОКОМ ХРЕНА

Корень хрена содержит каротин, сахара, горчичное масло, фитонциды, витамины группы В, С, РР, которые препятствуют развитию раковых клеток. А по наличию в корне кальция, калия, серы хрен - чемпион среди овощей. Он имеет мочегонные, антисептические, противоцинготные, бактерицидные, свойства. Сок хрена тонизирует, улучшает пищеварение, кровообращение, возбуждает аппетит, расширяет сосуды, снимает отеки, лечит подагру, воспаление суставов, ревматизм, растворяет камни в желчном и мочевом пузыре. Его назначают при ангине, гриппе, тонзиллите, зубной боли. Полезно также пить при физическом, умственном переутомлении, авитаминозе, анемии, задержке менструации. ВАЖНО! Высокое содержание горчичного масла в соке хрена может вызвать нежелательное раздражение слизистых оболочек кишечника и желудка. Не рекомендуется пить его при болезнях почек. Наружно этот сок, как растирку, рекомендуют при подагре, болях в суставах, радикулите, а также для лечения гнойных язв, ран.

## ЛЕЧЕНИЕ СОКОМ ЧЕСНОКА

Чеснок содержит очень полезных веществ: фитостерины, сахара, азотистые соединения, витамины B6, C, D, аллицин, фитонциды, уничтожающие стрептококки, стафилококки, туберкулезную палочку и другие микроорганизмы. Чеснок улучшает сопротивляемость организма к различным инфекциям, нормализует кровяное давление, расширяет кровеносные сосуды, улучшает пищеварение, работу сердца. Он слегка мочегонный, потогонный, обладает противоаллергическими, противовоспалительными, бактерицидными, болеутоляющими, кровоочистительными, ранозаживляющими, противогрибковыми и успокаивающим свойствами. Чесночный сок улучшает и стимулирует пищеварительные процессы, уменьшая при этом в кишечнике количество газов. Его рекомендуют при колитах, энтеритах, атонии кишечника, диспепсии, сахарном диабете, гипертонии, онкологических заболеваниях. Сок также положительно действует при разных болезнях верхних дыхательных путей, ангине, коклюше, гриппе, дифтерии, дизентерии туберкулезе, авитаминозе, болезнях кожи. Соком чеснока удаляют бородавки и мозоли, лечат лишаи, гнойные раны, язвы и экзему. Но не рекомендуется применять его при беременности, острых воспалениях. Противопоказан неразбавленный сок чеснока больным язвой желудка, двенадцатиперстной кишки, при панкреатите, нефрите, гастрите (если кислотность желудочного сока повышена), бессоннице, эпилепсии.

## Глава 6 Рецепты полезных и лечебных чаев

### ЗЕЛЕНЫЙ ЧАЙ И ЕГО СВОЙСТВА

Американские исследователи пришли к выводу, что зеленый чай оказывает целебное воздействие на сердце и сосуды благодаря своему свойству снижать уровень «плохого холестерина» в крови. Отчет об исследовании, в котором приняли участие 1.415 человек, был опубликован в журнале Американской ассоциации диетологов. *Зеленый чай, а также пищевые добавки на его основе, помогают снизить показатели «плохого холестерина» (липопротеинов низкой плотности) на 5-6 пунктов. При этом напиток оказался эффективнее «капсул».*

Исследователи подчеркивают, что лицам, имеющим серьезные проблемы с холестерином, не стоит полагаться только на целебный напиток. Влияние чая на уровень холестерина ничтожно мало.

Исследователи сообщили, что зеленый чай помогает замедлить набор лишнего веса. Этому свойству, по словам исследователей, чай обязан веществу эпигаллокатехин-3-галлат (EGCG), которое нейтрализует жиры, попадающие в организм вместе с «нездоровой» пищей. При этом британское издание Daily Mail, отмечало, что людям, для того, чтобы получить необходимое количество EGCG, необходимо выпивать 10 чашек зеленого чая.

ЧЕМ ПОЛЕЗЕН ЧАЙ «КАРКАДЕ»

Чай каркаде или Суданская роза его родина индия, но его еще почему-то называют китайской розой. Как заваривать и пить чай «Каркаде»? Многие его заваривают как чай, некоторые заливают прохладной водой и настаивают сутки, многие заливают его холодной водой и доводят до кипения 2-3 минуты.

Как бы вы его не заварили он очень вкусен как горячий, так и холодный. В него можно добавлять лимон, мед. Очень сильно снижает давление, значит, полезен гипертоникам, а вот у кого давление пониженное надо пить с осторожностью. Обладает мочегонным, спазмолитическим и жаропонижающим свойством. Укрепляет кровеносные сосуды. Можно пить людям с почечными заболеваниями, так как в нем нет щавелевой кислоты.

Чаи из лекарственных трав

Чаи из лекарственных трав очень вкусны. Они содержат витамины, микроэлементы, эфирные масла, органические кислоты и другие полезные вещества, что делает их чрезвычайно полезными для здоровья женщины. предлагаем вам некоторые рецепты лечебных чаев.

**Грудной чай.**
Взять по 2 части корня алтея, листья мать-и-мачехи, травы душицы. 1

столовую ложку смеси залить 200 мл кипятка, настаивать 20 минут, процедить. Принимать чай в теплом виде по стакану 3-4 раза в день.

**Вяжущий желудочный чай.**

2 части шишек ольхи, 1 часть корневища горца змеиного. 2 ст. ложки смеси залить стаканом кипятка, настаивать в теплом месте 30 минут. Принимать по 50 мл 3-4 раза в день.

**Мочегонный чай.**

Взять по 1 части листьев березы и травы хвоща. 2 столовые ложки смеси залить 200 мл кипятка, настоять до охлаждения, процедить, пить по 100 мл 3-4 раза в день.

**Чай брусничный.**

1 столовую ложку смеси плодов брусники и шиповника в равных количествах залить в термосе 0,5 л кипятка, настаивать ночь, утром процедить и пить с медом по полстакана 3-4 раза в день как поливитаминное средство.

## ТРАВЫ ОТ ДАВЛЕНИЯ

Нужно помнить, что рецепты, составленные из лекарственных трав, не обладают эффектом мгновенного действия. Поэтому, если случился гипертонический криз, то лучше прибегнуть к уколам и таблеткам, чем испытывать на прочность кровеносные сосуды. Если у Вас склонность к повышению давления, то постарайтесь не доводить себя до криза, принимая профилактическое лечение в виде народной медицины. Но что, же делать, если давление поднялось, а лекарств в форме таблеток под руками нет. Есть народный рецепт, который дает очень хороший, быстрый и стойкий эффект, но его нужно иметь заранее. Рецепт помогает, если давление поднимается каждый день, несмотря на проводимое лечение.

**Вот этот рецепт:** взять банку объемом 0,5 литра, наполнить ее подсолнечными неочищенными семечками. Семечки хорошо промыть и высыпать в кастрюлю, залить 1,5-2 литрами холодной воды. Довести на медленном огне до кипения и кипятить 2 часа. Полученный отвар остудить, процедить. В течение дня выпить 1 стакан.

При использовании сборов трав необходимо учитывать свои индивидуальные особенности и наличие имеющихся сопутствующих заболеваний. Рекомендуется иметь 3-4 сбора, которые во избежание привыкания следует чередовать. Отсутствие положительного результата от сбора в течение двух недель является основанием для его замены.

**Смешать** равные части травы пустырника, корней валерианы, тминного семени укропа. Одну столовую ложку смеси заварить стаканом кипятка, настоять 1 час, процедить. Пить настой теплым 3 раза в день по 1/3 стакана.

**1 стакан лукового сока смешивают** с 1 стаканом меда. Состав хранить плотно закрытым в прохладном месте. Принимать по 1 ст.ложке 3 раза в день за 1 час до еды или через 2-3 часа после еды.

**Смешать** сок свеклы в равном количестве с медом. Принимать по столовой ложке 4-5 раз в день.

плоды малины — 2 части

трава душицы обыкновенной — 2 части

цветки липы сердцевидной — 2 части

лист мать-и-мачехи — 2 части

лист подорожника большого — 2 части

лист березы белой — 1 часть

побеги хвоща полевого — 3 части

трава и семена укропа огородного — 3 части

плоды шиповника (истолочь) — 5 частей

Заварить 300 мл кипятка, настоять 30 минут, процедить. Сырье отжать. Принимать по 150 мл настоя 3 раза в день за 10-15 минут до еды.

**Смешать равные части**: цветки боярышника, трава пустырник, трава сушеницы, лист омелы. 4 столовые ложки измельченной смеси заварить 1 л кипятка, настоять 8 часов, процедить. Сырье отжать. Настой принимать по 1/2 стакана 3 раза в день через час после еды.

**Смешать равные части**: плоды и цветки боярышника, трава пустырник, трава сушеница, трава василистника, плоды шиповника. 4 столовые ложки смеси заварить 1 литром кипятка, настоять 8 часов, процедить. Сырье отжать. Настой пить по 1/2 стакана 3-4 раза в день.

плоды боярышника — 3 части
цветки боярышника — 3 ч
трава хвоща полевого — 3 ч
трава омелы — 3 ч
измельченные луковицы чеснока — 3 ч
цветки арники — 1 ч

Столовую ложку измельченной смеси заварить стаканом кипятка, настоять 6-8 часов, процедить. Сырье отжать. Настой принимать по 1/4 стакана 4 раза в день за 30 минут до еды.

Стакан плодов калины залить 1 литром горячей воды, кипятить 8-10 минут, процедить, добавить 3 столовые ложки меда. Пить по 1/2 стакана 3-4 раза в день. Помните! При температуре более 60°C мед теряет свои свойства.

Взять 1 стакан свекольного, 1 стакан морковного и 1 стакан сока хрена (натертый хрен предварительно настаивают с водой в течение

36 часов в плотно закрытом стакане), 1 стакан меда и содержимое отжатого лимона. Принимать по 1 столовой ложке 3 раза в день за 1 час до еды или через 3 часа после еды. Лечение 2 месяца.

трава хвощ — 20 г

трава сушеница — 15 г

трава донник — 20 г

трава астрагал шерстистоцветковый — 20 г

1 столовую ложку залить стаканом кипятка, настаивать 2-3 часа, процедить. Сырье отжать. Принимать по 1 столовой ложке 2-3 раза в день.

трава сушеница — 60 г

цветы и плоды боярышника — 40 г

трава бессмертник — 50 г

трава донник — 10 г

лист березы — 10 г

корень солодки — 10 г

трава душицы — 20 г

лист мать-и-мачехи — 20 г,

побеги хвоща — 30 г

трава укропа — 30 г

1 столовую ложку заварить 1/2 литра кипятка, настоять 30 минут, процедить. Сырье отжать. Принимать по 150 мл 3 раза в день за 10-15 минут до еды.

корень солодки — 6 г

корневища с корнями валерианы — 5 г

плоды укропа — 5 г

трава панцерии — 10 г

трава череды — 10 г

цветки календулы — 10 г

1 столовую ложку смеси заварить в стакане кипятка, настоять час в плотно закрытой посуде, процедить. Сырье отжать. Принимать по 1/3 стакана настоя 2-3 раза в день.

трава пустырника — 40 г

трава сушеница — 20 г

листья мяты — 10 г

трава пастушья сумка — 5 г

рябина черноплодная — 10 г

плоды укропа — 10 г

семена льна — 10 г

листья земляники — 10 г

2 ст. ложки смеси залить 1/2 л воды. Кипятить на медленном огне 5 часов. Остудить, процедить. Сырье отжать. Принимать по 3/4 стакана 3 раза в день.

плоды боярышника – 1 ч

листья брусничника – 1 ч

цветки боярышника – 1 ч

трава пустырника – 1 ч

трава хвоща полевого – 1 ч

цветы бессмертника песчаного – 2 ч

трава донника – 1 ч

трава сушеницы болотной – 1 ч

чабрец (богородская трава) – 1 ч.

2 столовые ложки сбора залить 0,5 литра кипятка, кипятить на водяной бане 10 минут, настаивать 30 минут, процедить. Сырье отжать. Принимать по 1/3 стакана 3 раза в день за 30 минут до еды.

листья мелисы лекарственной – 40 г

трава лапчатки гусиной – 30 г

трава пустырника сердечного – 30 г

2 ч.ложки смеси залить 1 стаканом кипятка, настаивать в течение 30 минут, процедить. Сырье отжать. Принимать настой в течение дня.

цветки боярышника кроваво-красного – 30 г

трава омелы белой – 30 г

1 чайную ложку смеси залить 1 стаканом кипятка. Настаивать 30 минут, процедить. Сырье отжать. Принимать по 1/3 стакана 3 раза в день.

трава золотарника -20 г

трава пустырника сердечного – 20 г

кора калины обыкновенной – 20 г

корень валерианы лекарственной – 20 г

2 чайные ложки смеси залить 1 стаканом воды, кипятить на медленном огне 20 минут, остудить, процедить. Сырье отжать. Принимать по 1/3 стакана 3 раза в день.

трава руты – 30 г

трава лапчатки гусиной – 30 г

листья мелиссы лекарственной – 20 г

цветки ландыша майского – 10 г

1 ст.ложку смеси залить 1 стаканом воды комнатной температуры, натаивать в течение 3 часов. Затем настой поставить на медленный огонь и кипятить 5 минут, убрать с огня и настаивать 15 минут, процедить. Сырье отжать. Принимать по 1/3 стакана 3 раза в день.

листья руты – 20 г

цветки арники горной – 20 г

цветки боярышника кроваво-красного – 20 г

трава чистотела большого – 20 г

трава хвоща полевого – 20 г

1 ст.ложку смеси залить 1 стаканом кипятка и настаивать до охлаждения, процедить. Сырье отжать. Принимать по 1/3 стакана 3 раза в день.

трава сушеницы болотной – 20 г

трава пустырника сердечного – 20 г

цветки боярышника кроваво-красного – 10 г

трава хвоща полевого – 10 г

1 ст.ложку смеси залить 1 стаканом воды, нагревать на кипящей водяной бане 15 минут. Затем охладить в течение 45 минут при комнатной температуре, процедить, сырье отжать. Объем полученного отвара довести кипяченой водой до первоначального. Принимать по 1/3 стакана 3 раза в день.

трава тысячелистника обыкновенного – 30 г

цветки боярышника кроваво-красного – 15 г

листья барвинка малого – 15 г

трава хвоща -15 г

трава омелы белой – 15 г

1 ст.ложку смеси залить 1 стаканом воды комнатной температуры, настаивать в течение 3 часов. Затем настой кипятить на медленном огне 5 минут, снять с огня и настаивать 15 минут. Охладить. Процедить через несколько слоев марли, сырье отжать. Принимать глотками в течение дня.

трава тысячелистника обыкновенного – 30 г

трава хвоща полевого – 30 г

трава омелы белой – 30 г

трава лапчатки гусиной – 10 г

трава руты – 10 г

1 ст.ложку смеси залить 1 стаканом воды комнатной температуры, настаивать в течение 3 часов. Затем настой кипятить на медленном огне 5 минут, снять с огня и настаивать 15 минут. Охладить. Процедить через несколько слоев марли, сырье отжать. Принимать глотками в течение дня.

трава тысячелистника обыкновенного – 25 г

трава зверобоя продырявленного – 20 г

цветки арники горной – 5 г

1 ст.ложку смеси залить 1 стаканом воды комнатной температуры, настаивать в течение 3 часов. Затем настой кипятить на медленном огне 5 минут, снять с огня и настаивать 15 минут. Охладить. Процедить через несколько слоев марли, сырье отжать. Принимать глотками в течение дня.

трава тысячелистника обыкновенного – 15 г

трава пустырника сердечного – 15 г

цветки боярышника кроваво-красного – 15 г

цветки вереска обыкновенного – 15 г.

цветки терна – 15 г

корень любистока лекарственного – 15 г

2 чайные ложки смеси залить 1 стаканом воды, кипятить на медленном огне в течение 20 минут, охладить, процедить через

несколько слоев марли, сырье отжать. Принимать по 1/3 стакана 3 раза в день.

**Валериана**

Оказывает всестороннее воздействие на организм. Снижает нервную возбудимость, регулирует деятельность сердца, улучшает коронарное кровообращение, улучшает работу желудка, усиливает желчеотделение. Более высокой эффективности валерианы достигается при длительном ее применении из-за медленного развития максимального лечебного эффекта.

**Несколько рецептов**

♦ Сухие корневища с корнями измельчить, взять 1 ст.ложку, залить 1 стаканом кипятка. Укутать, настоять один час, затем процедить. Принимать по 1 ст.ложке 4-5 раз в день.

♦ 10 г измельченных корней и корневищ залить 200 мл кипящей воды, кипятить 30 минут, настоять 2 часа. Принимать по 1 ст. ложке 3-4 раза в день.

♦ 10 г корней и корневищ измельчить, залить 300 мл воды комнатной температуры, кипятить 15 минут, затем охладить. Принимать по 0,5 стакана 3 раза в день.

♦ Растолочь корни в порошок (желательно в керамической ступке). Принимать 1-2 г порошка 2-4 раза в день.

♦ Для снижения давления можно нюхать валериановую настойку, но без примесей других трав, перед сном по 1-1,5 минуты каждой ноздрей. Продолжительность 2-4 месяца. При высоком артериальном давлении валериана быстрого действия не оказывает, но через некоторое время давление начинает снижаться. У некоторых на следующий день болит голова, это значит, валериана действует, но доза велика. Поэтому первые дни следует делать вдох неглубокий, постепенно его увеличивая. Валериана имеет сильный снотворный эффект, поэтому ее нельзя использовать, когда нужно бодрствовать.

**Пастушья сумка**

Пастушья сумка (сумочник пастуший)
Пастушья сумка понижает артериальное давление, полезна при гипертонии. Применяют как жаропонижающее и мочегонное средство.
**Настой травы.**
♦ 3 ст.ложки сухой или свежей травы залить 200 мл кипятка. Настоять 15 минут. Процедить. Пить по 1/3 стакана трижды в день.
♦ 15 г (3 ч.ложки) травы залить стаканом холодной кипяченой воды. Настаивать в течение 8 часов, процедить. Принимать по 2 ст.л. 3 раза в день.

**Сушеница болотная**

Сушеница обладает сосудорасширяющим действием, снижает артериальное давление, особенно у больных гипертонической болезнью I и II степени. Также обладает желчегонным и противоязвенным действием, а также как противодиабетическим действием.
Настой травы. 2 ст.ложки травы залить 200 мл кипятка, настоять 15-20 минут. Процедить. Пить по 1/2 - 1/3 стакана 2-3 раза в день после еды. Курс – 2 недели. Лечебный эффект можно усилить, если применять отвар сушеницы в комплексе с ножными ваннами (150 г травы залить 3 л кипятка, настоять 30 мин), продолжительность ванны – 30 мин.
Не рекомендуют препараты сушеницы при слишком сильном артериальном давлении и варикозном расширении вен (тромбофлебите).

### Календула

Календула лекарственная (ноготки)

Цветки календулы (ноготков) обладают бактерицидным, противовоспалительным, ранозаживляющим, кардиотоническим и успокаивающим действием, снижают кровяное давление, улучшают обменные процессы в печени, улучшают ее секреторную функцию.
Настойка цветов. Пьют по 15-20 капель 3-4 раза в день.
Настой цветков. 2 ст.ложки цветков залить 400 мл кипятка, настоять 2 часа, процедить. Принимать по 1/2 стакана 4 раза в день до еды.

### Пустырник

Пустырник сердечный (собачья крапива)
Пустырник нормализует сердечный ритм, увеличивает силу сердечных сокращений, снижает артериальное давление, регулирует менструальный цикл, уменьшает головные боли и улучшает сон.
**Настой травы**

 15 г травы (3 ч.ложки) залить 1 стаканом кипятка. Настоять 15 минут. Отжать, процедить. Пить по 1 ст.ложке 3-4 раза в день.


 2 ч.л. измельченной травы пустырника залить стаканом холодной воды и настаивать в течение 8 часов, затем процедить. Выпить в течение дня.
**Настойка пустырника.** Принимать по 30-50 капель 3 раза в день.
**Успокоительный чай**. 1,5 ст.ложки смеси трав пустырника, зверобоя, тысячелистника, листьев мяты перечной и грецкого ореха, цветков ромашки аптечной (в соотношении 2:2:1:1:1:1) заварить 1 стаканом кипятка. Настоять 15 минут. Отжать, процедить. Пить по 1/2 – 3/4 стакана 2-3 раза в день за полчаса до еды при вегетососудистой дистонии.

**Укроп**

Укроп снижает кровяное давление, расширяет кровеносные сосуды, помогает при бессоннице. Рекомендуется при гипертонической болезни I—II стадии и в качестве профилактического средства при стенокардии.

Настой плодов.

♦ 1 ч.ложку измельченных плодов укропа залить 300 мл кипятка. Настоять 1 час. Пить по 1/2 стакана 3 раза в день.

♦ 2 ч. ложки измельченных плодов укропа залить 2 стаканами кипятка. Настоять в течение 15 мин. Процедить. Выпить в течение 2 дней.

**Клевер красный**

Клевер полезен при кашле, простуде, лихорадке, атеросклерозе. Уменьшает отеки при сердечных, почечных заболеваниях, ревматизме и подагре. Снижает артериальное давление.

**Настой соцветий**. 1 ст.л. цветков залить стаканом кипятка. Настоять 1 час. Процедить. Пить по 1/2 стакана 3 раза в день.

**Настойка соцветий**. 40 г цветков клевера залить 0,5 л водки. Настоять 10 недель. Пить по 20 мл перед обедом либо перед сном. Курс 3 месяца с перерывом 10 дней. При необходимости курс можно повторить через 6 месяцев.

**Мелисса**

Мелисса лекарственная (кошачья мята)

Мята используется при нервной возбудимости, вегетососудистой дистонии, бессоннице, аритмии, перепадах кровяного давления, нарушениях пищеварения.

**Настой листьев.**

♦ 1 ст. ложку сухих измельченных листьев мелиссы лекарственной залить 250 мл кипятка. Настоять в закрытой посуде 1 час. Процедить.

Принимать по 1/3 стакана 3 раза в день.

♦ 3 ч.ложки измельченного листа мелиссы залить 1 стаканом кипятка. Настоять 15 минут. Пить мелкими глотками в теплом виде перед сном.

**Пион помогает при химиотерапии**

Американские ученые обнаружили, что цветок пиона имеет вещества, облегчающие страдания от химиотерапии онкологических заболеваний.

Дело в том, что химиотерапия уничтожает быстрорастущие и делящиеся раковые клетки, затрагивая нормальные. Это, в свою очередь, вызывает разные побочные эффекты, начиная с желудочных спазмов и заканчивая потерей веса. Разумеется, данное обстоятельство ухудшает и без того ослабленный организм. Именно поэтому ученые постоянно исследуют эффективность различных веществ в лечении онкологических заболеваний.

Среди недавно выявленных растений, пригодных для лечения рака, особенно хочется выделить цветок пиона. По словам ученых, он прекрасно подходит для предупреждения побочных эффектов, вызванных химиотерапией, а значит, может служить дополнительным элементом для изготовления комплексных противораковых препаратов.

Исследователи уже намереваются подключить вещества пиона к трем противораковым веществам – солодка, экстракт финика, экстракт шлемника. Объединение всех четырех веществ в один «лечебный квартет» будет происходить согласно секретной формуле, которая, по словам экспертов, использовалась еще в древнекитайской медицине

# ГЛАВА 7

## ОЗДОРОВИТЕЛЬНЫЕ И ЛЕЧЕБНЫЕ ДИЕТЫ

### Гречневая диета

Наряду с японской и водяной диетам данная диета также очень популярна. Результаты уже заметны на четвертый день. Уменьшаются объемы талии и бедер примерно на 1 размер.

### В чем же сила гречневой диеты?

Гречневая диета - это строгая монодиета (диета одного продукта - гречки). Она рассчитана на одну неделю, но для лучшего эффекта желательно выдержать две недели.

Гречка - очень питательный, полезный продукт. Занимает одно из первых мест среди риса, ячменя и овса. В ней очень много различных полезных микроэлементов: железа, цинка, йода, калия, фосфора, магния, кальция, кобальта, никеля, флаваноиды, витамины В1, В2, В6, витамины Р, РР, белок, крахмал, клетчатка, жир, сахар, рутин, щавелевая кислота. А белка в ней не меньше, чем в мясных продуктах. Гречка рекомендуется при питании больных атеросклерозом, заболеваниях печени, поражениях желудка и кишечника. Помогает снизить уровень холестерина в крови, что позволяет улучшать кровоток в капиллярах и сосудах головного мозга, расслабляет запоры. Поэтому она очень полезна людям пожилого возраста. Так как гречка один из основных продуктов питания, следовательно, гречневая диета является одной из самых простых. Исключаешь все продукты и кушаешь одну гречку. И дешево и полезно. Правда при этом нужно пить побольше воды: простую, очищенную или негазированную минеральную. Также можно пить зеленый чай.

**Как готовится гречка?** Во - первых, никаких специй, соли, сахара и сливочного масла.

**Кашу можно приготовить тремя способами:**

1-й. Заливаем на ночь очищенную крупу кипятком в пропорциях 1 к 2 (один стакан гречневой крупы, два стакана воды). Утром готовую гречку разделяем на пять порций, и кушаем в течение дня. За 4 часа до сна прекращаем ее употребление.

2-й. Тот же принцип готовки, но на ночь можно не заливать. Приготовить можно и утром.

3-й. Заливаем крупу холодной водой, доводим до кипения и тут же снимаем с плиты. Во всех трех случаях кастрюлю с кашей нужно хорошо укутать. Гречка хорошо распарится. Через 2 часа каша будет готова. А все микроэлементы, необходимые для очистки организма останутся на месте. А, очищая свой организм, сбрасывая ненужные шлаки, мы худеем. Но, как и все диеты, гречневая диета тоже вводит организм в стрессовое состояние. Так, например, отсутствие соли может вызвать головную боль и падение артериального давления, Поэтому людям, страдающим диабетом и гипертоникам худеть с помощью гречневой диеты нельзя. Отсутствие сахара провоцирует снижение умственной активности. Появляется сонливость. Поэтому лучше придерживаться такой диеты, когда Вы не подвержены тяжелым физическим нагрузкам! Правда, выпив стакан кипяченой воды с медом, вы нейтрализуете это отрицательное действие. А чтобы не тошнило от гречки, потому что тяжело питаться одним продуктом, диетологи рекомендуют выпивать за день один литр нежирного кефира. Для сохранения хорошего настроение некоторые женщины съедают одно, два яблока или апельсин иногда 10 гр. черного шоколада без сахара. Любители кофе и чая пьют данные напитки, но без сахара. Но все это на ваше усмотрение, так как может снизиться эффект от данной диеты. Она ведь должна быть строго монодиетой. Выходить из гречневой диеты, как и из всех диет надо постепенно. Идеальный завтрак по окончанию гречневой диеты: чай с медом и вареное яйцо. Но не спешите кушать все подряд, помните при этом, ради чего вы так героически на эту диету сели. Повторить свой подвиг можно будет только через месяц, когда восстановиться организм.

**Диета при мочекислом диатезе (соли мочевой кислоты)**
**НЕЛЬЗЯ:** Бульон мясной, рыбный, печень, язык, свинину, мозги, почки, студень, селедку, сардины, шпроты, сало, бараний и говяжий жир, шпинат, щавель, редьку, томаты, фасоль, грибы, какао, шоколад, крепкий чай, кофе натуральный, винные ягоды, сливы, крыжовник, антоновские яблоки, клюкву, красную смородину,алкоголь.
**МОЖНО ОГРАНИЧЕННО:** Отварное мясо (не жирное), рыбу (не жирную), творог, молоко, сметану, сыр, простоквашу, яйца, клубнику, землянику, лук, чеснок, свежие грибы, сдобные мучные изделия, уксус.
**МОЖНО:** Черный и белый хлеб, сливочное и растительное масло, супы молочные и овощные, мучные и крупяные блюда, корицу, ваниль, сахар и сладости, ягоды и фрукты, зелень и овощи (кроме ограниченных), лавровый лист, петрушку, укроп, лимоны, уксус - слабый, витамины, рыбий жир, чай с молоком, настой шиповника, желудевый кофе, соки, фрукты (кроме ограниченных). Жидкости до 2,5 л в день.
МИНЕРАЛЬНЫЕ ВОДЫ- без газа.

**Кедровые орехи для похудения**

Тем, кто заботится о фигуре, будет приятно узнать, что кедровые орешки могут в этом помочь. Оказывается, они повышают в организме уровень определённых веществ, и в мозг быстро поступает сигнал о том, что вы сыты, и есть вовсе необязательно. Между приёмами пищи – например, за 30 минут до обеда, можно съесть немного кедровых орешков – они пойдут вам на пользу, а калорийную и тяжёлую пищу есть уже не захочется. Постепенно ваши порции станут гораздо меньше, самочувствие и настроение – лучше, а фигура – тоньше и стройнее. Не об этом ли мечтает большинство женщин?

**ТРАВЯНЫЕ ЧАИ ДЛЯ ПОХУДЕНИЯ**

Травяной чай не избавит от жировых клеток и целлюлита, он лишь поможет организму вывести шлаки и лишнюю жидкость.

Также чай не снижает аппетит, аппетит останется с Вами, однако полезное действие чая тоже никто не сможет отрицать. Так что выбирать каждому - пить или не пить.

Ко всякому средству для похудения следует относиться осторожно, а к травам особенно. Ведь даже один листочек земляники действует на организм, не говоря уже о сборе лекарственных трав. Чай для похудения, как правило, обладает мочегонным эффектом. И если чересчур увлечься им, то может произойти обезвоживание организма и нарушение баланса полезных веществ. В результате произойдет привыкание, когда организм откажется самостоятельно справляться со своей функцией выделения вредных веществ, и ему все время будет требоваться посторонняя помощь. Делаем вывод: **меру в использовании любого чая для похудения соблюдать необходимо**.

Не следует верить рекламе чая, которая обещает решить все проблемы с лишним весом, да еще вылечить все болезни. Это просто невозможно. Обратите внимание на упаковку, нет ли в чае ароматизаторов, стабилизаторов и красителей, которые пользы точно не принесут. Кроме этого, покупать травы для чая лучше в аптеке или собирать их самим. Нет никакой гарантии, что купленная на рынке трава не росла около оживленного шоссе, где набрала в себя множество солей тяжелых металлов.

**Чай для похудения с имбирем**

Имбирный чай **- это самый популярный напиток для похудения**. Дело в том, что имбирь содержит очень важные компоненты, влияющие на обмен веществ и усиление кровообращения. Этот чай способствует улучшению процесса пищеварения. Вместе с эффектом похудения происходит насыщение организма витаминами и минеральными веществами, которых в имбире около 50. Благодаря разогревающим свойствам имбиря, человек получает тонизирующий эффект – сил становится больше, энергия бьет ключом. Кроме всего прочего, этот чай способствует выведению плохого холестерина, а это уже шаг к здоровью.

**Зеленый чай для похудения**

Зеленый чай **также можно пить для похудения**. Он очень благотворно влияет на обмен веществ, помогает выведению шлаков, некоторых солей тяжелых металлов, обогащает организм редкими витаминами – РР, Р, К, а также минеральными веществами. Катехины, содержащиеся в зеленом чае, помогают быстро сбросить вес и вывести лишний холестерин из сосудов. Однако количество чая должно быть не меньше 6 чашек, и чай лучше покупать высокосортный.

**Чай для похудения с молоком**

**Следующий напиток для похудения – чай с молоком**. Его действие также связано с обменом веществ и полезными свойствами чая и молока. Действие чая лучше не использовать долго, его пить лучше 1-2 дня, не дольше. Однако это не тот чай, к которому все привыкли, у него есть особый рецепт: взять обезжиренное молоко и подогреть его до появления пузырьков (кипятить не нужно). Затем в молоко засыпать две столовые ложки зеленого чая и настоять его в течение 5 или 10 минут. Чем дольше стоит чай, тем крепче он будет. Поэтому к своему напитку каждый придет опытным путем. Полученный чай переливаем в термос, чтобы пить его небольшими чашками в теплом виде. Температура напитка для большего эффекта может быть от 50 до 60 градусов.

**Отдельное место в ряде чаев для похудения занимают травяные чаи**. Сборы могут быть самыми разными, а рецепт приготовления практически один и тот же: несколько ложек травы залить в чайнике крутым кипятком и настоять в течение 3 или 8 минут, в зависимости от желаемой крепости напитка. Кипятить траву не рекомендуют, чтобы не потерять ценные эфирные масла. Целебный настой можно приготовить также следующим способом: несколько ложек травы залить горячей водой в термосе и настоять в течение 2 часов. Отдельное внимание надо уделить воде. Для получения напитка высокого качества лучше взять дистиллированную воду или родниковую, чтобы соли воды не вступили в реакцию с компонентами трав – тогда получится чистый результат. И еще одно условие – воду нельзя слишком долго кипятить, ее вообще нужно довести до белого ключа и сразу заливать ей траву. Выгода этого напитка в том, что он может находиться в термосе 2 дня, и не потеряет своих свойств. Его даже можно охладить и хранить в холодильнике целых 3 дня. Особенно это приятно в летнюю жару. А если хочется теплого чая, его можно подогреть на медленном огне, используя нейтральную посуду.

## Травяные чаи для похудания

**Травяной сбор для похудения**. Возьмем кору крушины, корень одуванчика, добавим семя петрушки фенхеля, а также лист мяты перечной. Пропорция следующая – крушины 3 части, остальных трав по 1 части. Заливаем 1 ст.л. сбора кипятком (200 мл), держим в чайнике 15 минут. Охладив, процеживаем. Принимать по 2 ст.л. утром, перед едой. Пить в течение 2 месяцев.

**Рябиновый чай для похудения**. К сухим ягодам рябины нужно добавить листья крапивы или листья шиповника(7:3), залить кипятком (2 стакана), настоять 10 минут. Затем накрыть и оставить на 4 часа. После этого пить по половине стакана (между едой, 3р в день).

**Ежевичный чай для похудения**. К сухим листьям ежевики добавить сухие листья березы и мать-и-мачехи (80г, 10г и 10г). Берем 1 часть смеси травы, завариваем кипятком (на 1 часть травы – 20 частей воды), настаиваем 15 минут. После остывания пить по 1 стакану перед утренним и обеденным приемами пищи.

**Травяной сбор для похудения**.

Берем траву: стальник колючий, горечавка синяя, смесь надземной части и цветов зверобоя, тысячелистник, подорожник и шишки хмеля (все по 50г). На 2 ст.л. смеси этих трав выливаем 0,5 литра кипятка и сразу добавляем нарезанную половину лимона. После настаивания пить не более 75г в день в несколько приемов.

**Крапивный чай для похудения**.

К сухим листьям крапивы добавляем кору крушины, сухие листья мяты и корень аира (в соотношении 3:3:2:1), берем 1 ст.л. смеси травы и завариваем кипятком (1 стакан). Настаиваем 4 часа, процеживаем и пьем по 0,5 стакана за 20-30 минут до еды трижды в день.

**Противопоказания к приему травяного чая для похудения**

На упаковке каждого чая или сбора указаны индивидуальные противопоказания к применению, однако если траву собирать самим и заваривать с целью похудения, то нужно учесть некоторые нюансы. Такой чай лучше не пить тем, у кого на данный момент обострились заболевания ЖКТ. Если есть подозрения на мочекаменную болезнь, также не стоит рисковать – камни могут стронуться с места и причинить боль. Как правило, во время беременности и кормления грудью любые процедуры должны проходить под наблюдением врача. Кроме этого, ослабленный после болезни или по другим причинам организм также не стоит подвергать таким процедурам. Как видим, противопоказаний немного, и все это можно скорректировать.

**Более серьезные последствия может вызвать аллергическая реакция на чай и потеря калия**, поэтому здесь нужно разобраться. Прежде чем попробовать сбор травы, лучше пропить каждый компонент в отдельности, чтобы понять, что эта трава организмом принимается. Тогда не надо будет гадать, от чего возникла негативная реакция, и попытаться заменить одну траву на другую с подобным спектром действия.

Что касается потери калия, то это уже более серьезная проблема, т.к. нехватка этого минерального вещества ведет к заболеваниям сердечнососудистой системы. Поэтому если во время приема травяного чая ощущается упадок сил, быстро наступает усталость и болят мышцы – это говорит о том, что этот чай выводит калий из организма. Еще один признак нехватки калия - боли в животе и расстройство кишечника. Могут также появиться отеки. Если это случилось, нужно сразу восполнить нехватку калия и попробовать другой сбор. Возможно, он по-другому подействует на проблему лишнего веса.

## ГЛАВА 8
### ПОЛЕЗНЫЕ СОВЕТЫ ИЗ НАРОДНЫХ РЕЦЕПТОВ.

**РАСТЯЖЕНИЕ СУХОЖИЛИЙ.** При растяжении сухожилия мыло натрите на терке и смешайте с водкой и яичным белком в соотношении 2:1:1 по весу. Мазь на марле привяжите к больному месту и меняйте 1 раз в сутки.

#### ГЛАУКОМА

Для профилактики глаукомы перед сном натирайте веки медом, смешанным с кипяченой водой 1:1 по объему.

#### ОТ ГЛИСТОВ

Измельчите головку репчатого лука или чеснока, настаивайте ночь в стакане холодной воды, плотно закрыв его, процедите. Утром пейте его мелкими глотками натощак.

### Фитотерапия для профилактики инсульта

**Рецепт:** Возьмите солодку, девясил и женьшень в пропорции 5:2:1. Растения перед этим тщательно измельчите. Залейте затем 150 г полученной смеси 1 литром воды и прокипятите на умеренном огне. Потом дайте остыть, процедите, добавьте 100 г майского меда, тщательно перемешайте. Полученное лекарство в течение недели съедайте по 2 ст. ложки через каждые 3 часа. Перед его употреблением проконсультируйтесь с лечащим врачом. Храните данную смесь в холодильнике.

Если вы будете, внимательно относится к своему здоровью, постоянно его тестировать и быстро реагировать на заболевания, не ожидая осложнений, инсульт никогда вас не потревожит.

#### ВАРИКОЗНОЕ РАСШИРЕНИЕ ВЕН - РЕЦЕПТ ИЗ ХЛЕБА И СОЛИ

**Приготовление:** нарезаете тонкими ломтиками черный хлеб, смазываете камфорным маслом (можно несоленым сливочным). Сверху посыпаете порошок из сушеных вместе с кожурой плодов конского каштана и прикладываете к больной вене. Укутываете теплым шарфом. Понадобится примерно 10 процедур, и вены перестанут болеть.

## ОТ ШУМА И ЗВОНА В УШАХ

В стакан воды добавить 1 ст. ложку нашатыря, перемешать смочить тканевые салфетки и приложить на лоб и виски. Держать минут 45. А всего таких компрессов надо сделать около 10.

## ГАЙМОРИТ

Перемешать по 1 столовой ложке подсолнечного масла, пищевой соды, меда, 3-4 измельченных зубчика чеснока. Дать настояться 5-10 минут и высыпать в термос с кипятком. Дышать прямо над термосом. С начала 2 минуты ртом выдыхаете носом, затем 2 минуты носом и выдыхаете ртом.

**УШИБЫ-** При сильных ушибах поможет компресс их тертого картофеля с сахаром( 1 картофелина и 1 ч. ложка сахара). Прикладываете к ушибам в течение 3 дней. Опухоль пропадает, исчезают синяки, проходит боль.

## НОСОВОЕ КРОВОТЕЧЕНИЕ

Есть простой и проверенный на детях и взрослых способ остановки носового кровотечения.

Надо взять шерстяную нитку из овечьей шерсти, из которой вяжут теплые носки. На эту нитку надеть металлический ключик. И это ожерелье повесить на шею человека так, чтобы ключик висел сзади, вдоль позвоночника. Кровь перестанет бежать их носа. Мы неоднократно это делали.

### ТРАВЫ ОТ ДАВЛЕНИЯ

Нужно помнить, что рецепты, составленные из лекарственных трав, не обладают эффектом мгновенного действия. Поэтому, если случился гипертонический криз, то лучше прибегнуть к уколам и таблеткам, чем испытывать на прочность кровеносные сосуды. Если у Вас склонность к повышению давления, то постарайтесь не доводить себя до криза, принимая профилактическое лечение в виде народной медицины.

Но что, же делать, если давление поднялось, а таблеток под руками нет. Есть народный рецепт, который дает очень хороший, быстрый и стойкий эффект, но его нужно иметь заранее. Рецепт помогает, если давление поднимается каждый день, несмотря на проводимое лечение.

**Вот этот рецепт**: взять банку объемом 0,5 литра, наполнить ее подсолнечными неочищенными семечками. Семечки хорошо промыть и высыпать в кастрюлю, залить 1,5-2 литрами холодной воды. Довести на медленном огне до кипения и кипятить 2 часа. Полученный отвар остудить, процедить. В течение дня выпить 1 стакан.

**Лечение катаракты народными средствами**

Лечение катаракты народными средствами всегда можно сочетать с лечением лечащего врача. Здесь вы найдёте самые эффективные народные методы и способы лечения катаракты из народной и нетрадиционной медицины. Катаракта – это болезнь глаза, при котором происходит помутнение хрусталика. Лечение катаракты должно быть комплексным. Поэтому лучше будет, если вместе с медицинским лечением вы будете проводить лечение и народными средствами, благодаря которым, вы ускорите процесс выздоровление.

1. Возьмите яблоко и срежьте с него верхушку. Выньте середину и в пустоту залейте мед. Потом закройте яблоко этой верхушкой, которую срезали. Через два дня, жидкость, которая получилась перелить в чистую посуду и капать себе в глаза два раза в день по две капли.

2. Возьмите яйцо, от домашней курицы и оставьте лежать на столе два дня, после чего сварите в течение получаса. Яйцо очистите, но

только так, чтоб белок был целым. Разрежьте пополам и удалите желток .В половинки белка залейте мед. пусть постоит один день, и жидкость слейте. Храните в холодильнике.

Можно чередовать эти два лекарства по месяцам. Капать в оба глаза по 1-2 капле 2 раза в день.

**Лечебные экстракты от катаракты**

1.Каждый день делайте себе луковые капли. Для этого просто выжмите сок из репчатого лука и разбавьте с водой, в соотношении 1:1. Воду лучше всего брать дистиллированную, или хотя бы очищенную. Если у вас пойдут слезы, во время выжимания сока из лука, то это даже хорошо, так как слезы хорошо промывают глаза.
2.Также, вам нужны будут медовые капли. Для этого, также просто разведите мед с дистиллированной водой в соотношении 1:1. Мед лучше всего брать акациевый или еще лучше специальный с разведенным прополисом. Медовые капли, в отличие от луковых, можно приготовить заранее. Храните их в холодильнике, но не больше 3 дней.

Когда вы приступите к лечению катаракты, то сначала воспользуйтесь луковыми каплями, а через 45 минут можно уже медовые закапывать. Капать в оба глаза 3 раза в день. Курс лечения катаракты длится в течение месяца. Если есть необходимость продолжить лечение, то через неделю перерыва, можете продолжить, но вряд ли оно вам понадобится.

Курс лечения катаракты, больной определяет сам, в зависимости от своего лично ощущения. Если есть улучшение, и нет побочных эффектов, то лечение можно продолжать и более 4 недель.

Внимание: медовые капли противопоказаны при сахарном диабете и аллергии на мед.

**Народный метод от катаракты**

1.Катаракту можно вылечить следующим народным методом. Вам потребуется для этого 2 мешочка, которые будут хорошо удерживать воду, например из байковой ткани. Размер каждого из них должен быть примерно 5х5 см. В оба мешочка положите по 3 чайные ложки семян укропа. После этого положите их в металлическую кружку с кипятком и прокипятите пару минут. Дождитесь когда они остынут. И теплыми приложите к глазам, сверху накройте теплой тканью и держите их так в течение 15 минут, или пока не станут совсем холодными. Лучше всего так лечиться перед сном. Можно делать компрессы долго пока не помогут.

2.Возьмите одинаковое количество листьев мать-и-мачехи, лопуха и буквицы 4 столовые ложки этой смеси залить пол литром кипятка, поместите в то место, куда не проникает свет, и там он будет стоять 120 минут. Три раза в день делайте примочки на глаза. Можно также поливать глаза этим раствором по одной чайной ложке.

3. Возьмите глазки картофеля, и высушите их. одну столовую ложку ростков залитой пол литром водки и настаивать семь дней . Принимать по чайной ложке утром в обед и вечером, пока смесь не закончится.

Даже при полной утрате зрения, его можно вернуть. Есть одна ягода в народной медицине, которая хорошо помогает при катаракте и восстанавливает зрение. Это ягода тутового дерева, или его еще называют шелковицей. Ешьте в любом количестве.

## Эффективный народный рецепт при гипертонии

1. Насыпать на сковороду соль и нагреть ее, прогреть подошвы ног, И давление станет нормальным без таблеток.
2. **Также соль помогает при болях в суставах**. Готовим раствор поваренной соли- 1 ст. ложка на 1 стакан теплой воды. Смачиваем шерстяную тряпочку в этом растворе и накладываем на больное место, сверху целлофан и завязываем теплым платком. Достаточно 2-3 компрессов и боль проходит

**7 правил для того чтобы продлить жизнь на 10 лет**

1.Не курить (отказ от табака снижает на 1/3 риск появления злокачественных опухолей и на 1/4 смертность от инфаркта);
**2.** Отказаться от употребления алкоголя или употреблять его в умеренных количествах;
**3.** Поддерживать вес тела в норме (смертность среди лиц, страдающих ожирением, в полтора раза выше, чем среди людей с нормальным весом);
**4.** Сохранять физическую активность;
**5.** Всегда завтракать;
**6.** Не принимать пищу в перерывах между едой;
**7.** Спать не менее 7 часов в сутки.

**Рецепт от аденомы простаты.**

Приготовление: Очистите 2 кг ореха фундук, скорлупу залейте 3л. Холодной воды, доведите до кипения, кипятите 2-3 минуты. Затем сделайте маленький огонь и варите 4 часа. Остудите, разлейте по банкам через марлю. Пейте по 2 ст. ложки перед едой в течение 2 месяцев. Храните в холодильнике.

**ОЧИЩЕНИЕ КИШЕЧНИКА СЕМЕНАМИ**

Известно, что в семенах содержится активных веществ больше, чем в плодах. И эти вещества нормализуют все биологические процессы в организме.

Основу всей система очищения кишечника составляют тыквенные, арбузные и дынные семечки. Их следует высушить и затем вместе с кожурой измельчить в мясорубке с мелкой решеткой и просеять через сито. Всё, что организм переработает, пойдёт на восстановление микрофлоры. Оставшаяся же клетчатка, как ёршик, очистит кишечник от слизи и каловых отложений. Затем добавить в этот порошок измельчённые плоды шиповника, боярышника, высушенную тыкву, ореховый лист. Получается очень полезный набор. Всего должно получиться 300 г порошка, причём все компоненты должны быть поровну. Принимать этот порошок следует утром и вечером по 1 десертной ложке, запивая водой. Если пропивать этот порошок раз в квартал, то все проблемы с кишечником будут решены. Тыквенные семечки убивают всех взрослых паразитов в кишечнике, а если в этот набор добавить 3 г гвоздики, то помрут даже личинки паразитов. Здесь описан основной принцип составления лечебного состава. Но если под рукой не окажется какого - либо ингредиента, то большой беды не будет. К тому же всегда можно заменить его другим полезным народным средством. К тому же, зачастую, лекарства растут у нас прямо под окном. И напоследок: порошок из семечек очень эффективен при запорах.

**РАСТИТЕЛЬНОЕ МАСЛО - САМОЕ ДЕШЕВОЕ И НАТУРАЛЬНОЕ ЛЕКАРСТВО ПРИ РАЗЛИЧНЫХ БОЛЕЗНЯХ**

Растительное (подсолнечное) масло используется не только как продукт питания, но и является хорошим лекарем при различных болезнях, оно является дешевым средством и всегда есть у каждой хозяйки.

Маленьких детей после купания рекомендуется смазывать все складочки прокипяченным охлажденным маслом, не будет ни раздражения, ни опрелостей. Растительное масло хорошо помогает при ушибах, синяках - необходимо помазать поврежденное место и боли и признаков как не бывало. При нарывах на пальцах ног и рук рекомендуется делать компрессы из масла, в течение трех дней нарыв проходит.

## ЧЕСНОК И ЛИМОН ПРИ ПОВЫШЕННОМ ДАВЛЕНИИ и ДИАБЕТЕ

**Приготовление:** Сок 24 средних лимонов смешать с 350гр чеснока, пропущенного через чеснокодавилку. Сутки держать при комнатной температуре накрыв тряпочкой, а затем – в холодильнике. Пейте 1 раз в сутки, вечером по 1 ч. ложке на 0,5 стакана охлажденной, кипяченой воды. Отлично понижает сахар в крови.

### ЛЕЧЕБНЫЕ СВОЙСТВА ЧЕСНОКА.

Древние воины в разных странах перед боем обязательно съедали целую головку чеснока, чтобы разогреть кровь и придать себе недюжинную силу. В качестве лекарства чеснок применяли и применяют до сих пор, В наше время это огородное растение также высоко ценится за лечебные и вкусовые свойства. В медицине принято использовать препараты из луковиц чеснока: настойку, спиртовую вытяжку (аллилсат) для усиления двигательной и секреторной функции желудочно-кишечного тракта, и другие лекарственные средства.

Их назначают для того, чтобы подавить процессы гниения и брожения в кишечнике и помочь при лечении гипертонии и атеросклероза. Чеснок помогает при борьбе с паразитами кишечника, а также в профилактике инфекционных простуд. Сульфидные компоненты чеснока помогают победить стафилококков, дизентерийную палочку, вредные грибки, а также рассасываются тромбоциты и сгустки крови.

Терапия с чесночными лекарствами успешно применяется при катаракте, артрите, диабете, болезни коронарных артерий и сердца, стенокардии и прочих.

Для того, чтобы достичь результатов в лечении тех или иных заболеваний, нужно просто съедать 2-4 зубчика чеснока в день. Необходима осторожность при лечении чесноком или его препаратами, людям с заболеваниями почек, желчнокаменной болезнью, анемией, язвой желудка или кишечника. Действие чеснока может вызвать усиление болей и обострение воспалений.

## О полезных свойствах золота и серебра

Полезные свойства золота и серебра были известны давно, также наши предки знали, что украшения из этих металлов приносят не только здоровье, но и удачу, успех, благополучие.

Все, как говорится, хорошо в меру. Увлечение золотыми украшениями может в итоге привести человека к скупости, привить иные негативные качества. Поэтому приобретать и носить золото нужно с осторожностью, не превращая его в смысл жизни.

Серебро не имеет таких выраженных отрицательных характеристик при избытке, оно способно обеззараживать. Если требуется очистить воду, то можно в нее опустить серебряное украшение. Через некоторое время жидкость будет чистой и отличаться особыми лечебными свойствами.

Золото следует носить при эпидемиях, так как оно тоже обладает обеззараживающими свойствами, а еще оно идеально для тех, у кого имеются какие-либо кожные заболевания. Золотые украшения могут укрепить иммунитет и убить вредные бактерии.

Подойдет золото тем, кто страдает болезнями печени, сердца, желчевыводящих путей, заболеваниями позвоночника, суставов. Идеален этот металл и для людей, страдающих депрессией, полезен при хроническом метрите, фиброаденоме матки.

Золото и серебро не одинаково ведут себя на разных участках тела. К примеру, перстень может укрепить веру человека в себя, окажет помощь в преодолении любых препятствий.

При этом не важно, будут ли это изделия с бриллиантами, сапфирами или иными камнями. Кстати, камни тоже способны оказывать свое положительное влияние. А вот кулоны, цепочки помогут избавиться от аритмии сердца, дадут покой и умиротворение. Они хороши при стрессах.

Порой для того, чтобы улучшить самочувствие, следует лишь подержать в руках изделие из золота или серебра. При этом нужно верить, что украшение поможет, даст сил, здоровья, энергии.

Если украшение уже кто-то носил раньше, то его надо подержать под струей холодной воды, чтобы смыть чужую энергетику, «обновить» память металлу. Ведь украшения способны сохранять в себе все произошедшие с их бывшими владельцами ситуации. Еще можно разговаривать с металлом мысленно или вслух, как бы «заговаривая» его на положительные качества.

## ЛЕЧЕБНЫЕ СВОЙСТВА МАНДАРИНОВ

Мандарин — представитель семейства цитрусовых, а значит, в нем сокрыты целые залежи витамина С. Еще в них содержится витамин D, обладающий противорахитным действием, и витамин К, способный обеспечить эластичность кровеносных сосудов. А вот нитратов в мандаринах не бывает. Потому что эти вредоносные вещества с лимонной кислотой не уживаются.

Мандарин можно смело заносить в разряд рекордсменов! В мандарине содержится фолиевая и бето-каротиновая кислота, калий, магний и кальций, витамины C, P, B1, B2, A, D, K .
Кстати, в пищу рекомендуется употреблять мандарины целиком – вместе с белой сеточкой, содержащей гликозиды — вещества, укрепляющие стенки сосудов. Да и кожуру выбрасывать не стоит, она тоже очень полезна, за счёт содержания эфирных масел, органических кислот, флавоноидов, витамина C, каротина. Напиток, приготовленный из отвара мандариновой кожуры и мёда, улучшает выработку желудочного секрета и стимулируют усвоение пищи, да и просто очень вкусен. Мандариновый сок является полезным диетическим и лечебным напитком. Особенно он рекомендуется детям (даже младенцам) и больным. Мандарины используют при лечении астмы и бронхитов. Они содержат большое количество феноликовой аминокислоты, которая называется синефрином. Это хорошо известное противозастойное и противоотечное средство. При заболеваниях желудочно-кишечного тракта, сопровождающихся поносами, очень полезны свежие мандарины. Обильное употребление мандаринового сока – это отличная профилактика гельминтозов. При диабете отвар из кожуры мандаринов способствует снижению уровня сахара в крови. Кожуру 3 плодов кипятят 10 минут в 1 литре воды. Отвар нужно держать в холодильнике непроцеженным и принимать ежедневно. При кожных заболеваниях действие фитонцидов, содержащихся в мандарине, настолько сильно, что свежий сок убивает некоторые грибки (трихофитию, микроспорию). Чтобы излечить кожу и ногти, пораженные грибком, следует многократно втирать в них сок из

дольки или кожуры мандарина. Несмотря на лечебные свойства, мандарины могут и навредить. Так, они раздражают почки и слизистую оболочку желудка и кишечника. Поэтому мандарины не стоит употреблять при язвенной болезни желудка и 12-перстной кишки, при гастрите с повышенной кислотностью желудочного сока, энтерите, колите и при обострениях, воспалительных заболеваниях кишечника, а также при холецистите, гепатите и остром нефрите.

А весь удивительный эффект запаха — в эфирном масле мандарина, которым так богата его оранжевая кожура. Оно довольно едкое и меняет свои свойства в зависимости от температуры и солнечного света — может и обжечь. В состав этого масла входят α-лимонен, цитраль, альдегиды, спирты, метиловый эфир антраниловой кислоты. Сочетание этих компонентов и придает мандариновому маслу, плодам, листьям и молодым побегам своеобразный запах, который поднимает настроение, придаёт бодрость. Укрепляет кровеносные сосуды. Можно пить людям с почечными заболеваниями, так как в нем нет щавелевой кислоты.

## ГЛАВА 9 - Натуральная растительная косметика

### МАСКИ ОТ МОРЩИН

Морщины - это то, что способно существенно влиять на душевный комфорт каждой женщины. Поэтому сокровищница народного опыта полна средствами для эффективной борьбы с ними, причем, не выходя из дома. Предлагаю вам, милые женщины, несколько простых, но полезных масок. Это маски для лица, которые легко и быстро готовятся в домашних условиях за короткое время.

Рецепт 1: 2ст. ложки измельченных, свежих листьев мяты перечной залить неполным стаканом кипятка и настоять 30 минут, полученный настой процедить и смешать с небольшим количеством крахмала.

Нанести маску на кожу лица и шеи на 15 минут, после чего смыть холодной водой.

Рецепт 2: Берем 2 ст. ложки мякоти алоэ. предварительно хорошо измельчив ее, один яичный желток, три ст. ложки сухого молока, 1 ст. ложку меда. Тщательно размешиваем все продукты, образовав однородную кашицу, которую аккуратно нанесем на лицо. Затем спустя 20 минут смываем аккуратно водой комнатной температуры.

Рецепт 3: Хорошо разомните свежие листья подорожника. Затем залейте кипятком, чтобы он слегка покрыл, полученную кашицу из листьев, и оставьте настаиваться 10 минут. Затем отжав листья, выкладываем их на кожу на 20 - 25 минут.

**ХВОЙНЫЙ НАПИТОК ДЛЯ ВОЛОС**

Сейчас при нашей экологии нужно применять все, что помогает Вашим волосам из натуральных продуктов, потому что столько всяких шампуней рекламируют, что и не знаешь, что поможет, а что и навредит! Нарвите сосновых иголок, ножницами разрежьте на 2-3 части. 1 стакан хвои залейте 2 л. воды. На слабом огне кипятите 15 минут. Снимите с огня, накройте полотенцем и оставьте на ночь. Утром процедите, добавьте мед или сахар по вкусу.

Пейте по 0,5 стакана 5-6 раз в день. Курс - не менее 4 месяцев с перерывами: 15 дней пить, 5 дней – отдых. Хвойный отвар отлично укрепляет волосы.

**Ванны для тела с кедровыми орехами**

С кедровыми орешками можно принимать ванну. Их можно размолоть вместе со скорлупой, добавить к ним отруби, а потом добавить смесь в ванну. Такая ванна полезна при огрубевшей и потрескавшейся коже, экземах, диатезе, гнойничковых заболеваниях и других кожных проблемах. К тому же она успокаивает, снимает утомление и возбуждение.

**Клубника – ароматная, вкусная, ягода.**

Клубника очень хороша для здоровья, особенно для профилактики заболеваний органов зрения и рака, и для ухода за лицом. Клубничные маски омолаживают кожу, делают ее гладкой, бархатистой, сохраняя молодость, свежесть благодаря содержанию в ней витамина Е, А, С, В, калия, фолиевой кислоты, цинка, кальция, магния и т.д.

**Маски для жирной кожи**

Клубничные маски нормализуют состояние жирной кожи с пигментацией и расширенными порами, отбеливая, тонизируя, очищая ее. Благодаря содержанию салициловой кислоты, ягоды клубники, активно борются с прыщами.

Рецепт 1. Из ягод клубники выжимаем сок, смачиваем в нем кусочек ваты, салфетки, марли и протираем лицо. При угревой сыпи сок смешиваем с глицерином

Рецепт 2. В кашицу из 2 чайные ложек клубники добавляем взбитый белок 1 куриного яйца и хорошо перемешиваем. Наносим маску на лицо, предварительно смазанное соком клубники. Через 15-20 мину смываем холодной водой.

К растертым ягодам клубники в равных дозах добавить сливки, мед, желток. Нанести на лицо на 1\2 часа. Смыть теплой, а потом холодной водой.

## ЛЕЧЕНИЕ ВОЛОС

Для правильного ухода за волосами в Ваш рацион должны входить следующие продукты. Обязательно свежие овощи и фрукты. В весенний период желательно принимать поливитамины или витамины с кальцием. Для пополнения белка в организме употребляйте рыбные и мясные продукты, один раз в неделю. Пейте побольше молока, ешьте творог, сыр, миндаль и арахис. Хорошо для волос употребление мяса индейки, пророщенной пшеницы, яичных желтков, витамина А, рыбьего жира.

**Маски для волос**

Для эффективного ухода за волосами, укрепления и восстановления истощенных волос используйте различные маски.

1. Маска с добавлением перца – очень хорошая маска при выпадении волос. Берем яйцо, ложку меда, 3 столовых ложки коньяка и две ложки касторового, миндального или репейного масла, пол чайной ложки перца. Все тщательно перемешиваем и наносим на волосы.

Потом надеваем на волосы полиэтиленовую шапочку, сверху теплую шапочку (тепло усиливает действие маски) и держим ее минимум полчаса, но лучше час. Желательно провести еженедельный двухмесячный курс.

2. Маска из сока алоэ - одна из распространенных масок. Берем одну столовую ложку меда. Добавляем по одной чайной ложки сока алоэ и касторового масла, все смешиваем. Маска готова. Держим 30 минут. Проделать 3 раза в месяц.

3. Маска с соком календулы – очень эффективная маска. Смешиваем 1 столовую ложку репейного масла, 1 яичный желток, чайную ложку настойки календулы. Держим 15 – 20 минут.

4. Неплохой эффект дает такая смесь - 50 мл водки и 1 чайная ложка лимонного сока. Втирайте в кожу головы через день 2 недели.

5. Поможет волосам и простая кухонная соль. После мытья волос нужно сделать проборы между волосами и посыпать соль на 15 – 20 минут. Потом еще раз сполоснуть волосы. Провести такие процедуры 10 раз и вам выпадение волос - не грозит.

6. Для сухого типа волос:

 а) очень полезно подогретое оливковое масло втереть в кожу головы перед мытьем головы, укутав ее, оставить на полтора – два часа. Потом сполоснуть

б) также неплохо сделать на голову компресс из подогретого до 50 градусов персикового масла. При этом хорошо укутав ее полиэтиленовым пакетом и полотенцем. Подержите час, а затем очень хорошо вымойте волосы.

**Вишня в косметике**

Вишневые маски омолаживают, улучшают цвет и состояние кожи лица и волос. Чтобы быстро снять отеки под глазами, достаточно сделать кашицу из мякоти и приложить к коже на пятнадцать минут. Можно добавить в мякоть вишни сметану или творог. Для улучшения состояния жирной кожи, сужения пор, избавления от прыщей, придания свежести, промокните вишневым соком марлю и положите ее на 20 минут на лицо. Затем ополоснув лицо водой, нанесите крем.

**Второй рецепт:** сок вишни смешиваем с крахмалом до кашицы и наносим на 20 мин. Смываем сначала теплой, потом прохладной водой. Придаст блеск, силу волосам маска из вишни, 2 ст. ложки сока вишни, 2 ст. ложек крахмала, сок 1 лимона. Наносится эта смесь по всей длине волос за 10 минут перед принятием душа, а затем смывается.

**Масло шиповника для кожи лица**

Несмотря на другие свои полезные свойства, положительное влияние масла шиповника на кожу является, пожалуй, его главной особенностью. Благодаря содержащимся в нём витаминам, микроэлементам и жирным кислотам оно оказывает регенерирующее и омолаживающее воздействие на кожу, повышает её эластичность, устраняет раздражения, нормализует секрецию сальных желез. При регулярном использовании масло повышает защитные свойства эпидермиса, препятствует накоплению в нём ферментов и продуктов распада, улучшает внутриклеточный обмен.

**МОЛОДОЙ КАРТОФЕЛЬ В КОСМЕТИКЕ**

1. Маску из отварного хорошо растертого картофеля, смешанного с лимонным соком, можно делать при усталости после напряженного дня или бессонной ночи, когда нужно возвратить лицу свежесть.
2. При появлении шелушения на лице поможет маска из сырого тертого картофеля, смешанного с толокном.
3. От морщин: натрите огурец и сырой картофель. Смесь нанесите на лицо и шею. Через 20 минут смойте теплой, чуть подкисленной лимонным соком водой, после чего сделайте легкий массаж по питательному крему.
4. Пропитайте ватные тампоны картофельным соком и сделайте маску на глаза и под глаза при отеках под глазами.
5. С этой же целью накладывайте на глаза тоненькие ломтики сырого картофеля.
6. 1 ч. л. муки, 1 ст. л. натертого картофеля, 1 ст. л. молока — тоже прекрасное средство от отечности под глазами.
7. Очень полезно после грязной и пыльной работы натереть руки горячей, сваренной в мундире и размятой картофелиной.

8. Для огрубевшей, потрескавшейся кожи рук прекрасным лечением будет маска из смеси теплого картофельного пюре и 1 ст. л. сухого молока.

9. Для уставших, потрескавшихся, огрубевших рук очень хороши ванночки из картофельного клейстера, разведенного в воде , руки оживут, посвежеют, станут мягкими на ощупь.

10. При шелушении кожи поможет маска из сырого натертого картофеля наложить на лицо на 10—15 минут.

11. Картофельным соком хорошо отбеливать кожу. Умывайтесь и втирайте его в кожу рук на ночь, особенно после тяжелой работы.

12. Головную боль снимают пластины свежего картофеля, приложенные ко лбу и вискам. При солнечном ожоге скорую помощь окажут аппликации из сырого мелконатертого картофеля. Держать их долго: час и даже больше, периодически меняя.

**Бразильский орех в косметологии**

Из **бразильских орехов** получают целебное масло, которое, находясь в составе косметики, проникает глубоко в кожные слои, питает и защищает кожу, препятствует потере влаги и предотвращает появление ранних морщин.

Масло **бразильского ореха** используют в разных областях косметологии: для ухода за лицом, кожей тела и волосами.

Оно отлично заживляет раны и язвы, используется для лечения воспалений и раздражений. Если добавить масло в крем для рук, они быстро станут мягкими и нежными, а порезы и царапинки заживут.

Для маски из **бразильского ореха** надо мелко истолочь ядрышки в кашицу, добавить сливки или оливковое масло, и нанести на лицо. Можно наносить такую смесь и на корни волос.

Масло бразильского ореха часто входит в состав увлажняющих лосьонов, массажных масел, средств для принятия ванны и душа; твёрдого мыла, кремов и кондиционеров для волос, гелей для бритья и т.д. Им также часто обогащают художественные краски: писать такими красками легко, а свои живые цвета они сохраняют надолго.

### Кокос в косметологии

Производные кокоса используются и в уходе за волосами: средства с ними (шампуни, бальзамы, маски) особенно эффективны для восстановления повреждённых и жирных волос.

Как в косметологии, так и в ароматерапии часто используются увлажняющие свойства кокосовых продуктов – не только для улучшения состояния кожи, но и для увлажнения слизистых оболочек.

Масло кокоса отличается нежным и приятным ароматом, поэтому оно издавна используется в косметологии. Средства с производными кокоса стимулируют обменные процессы в коже, тонизируют и питают её, делают эластичной и упругой. В процессе применения косметических продуктов с экстрактами и маслами кокоса уменьшается угревая сыпь, исчезают мелкие дефекты и повреждения, разглаживаются морщинки, снижается вероятность аллергических реакций на многие вещества.

### Масло расторопши в косметологии

Прекрасные результаты обеспечивает массаж лица и шеи с маслом расторопши. Такой массаж рекомендуется делать после вечернего умывания, при этом масло следует оставить на всю ночь. Очень удобно, что использовать это масло можно при любом типе кожи лица. Оно насыщает кожу витаминами, питает и увлажняет ее, способствует омоложению кожи. Применение этого масла дает возможность повысить защитные функции кожи, улучшить цвет лица, сделать кожу более эластичной и упругой. Оно ускоряет микроциркуляцию крови в кожных покровах, что способствует разглаживанию неглубоких морщинок на лице. Если смазывать кожу лица этим маслом перед выходом на улицу, то оно эффективно защитит ее от обморожения, обветривания, а также от негативного воздействия солнечных лучей. Можно использовать масло расторопши ежедневно, не только в чистом виде, но и смешивать его с другими маслами – оливковым, миндальным и т.п. Оно успокаивает кожу, а также препятствует появлению угрей. Это масло препятствует развитию варикоза за счет укрепления стенок подкожных капилляров. Оно также способствует профилактике целлюлита, Кроме того, данный вид масла способствует укреплению ногтей и волос, способствует их росту.

**Наружное применение льняного масла**

Льняное масло применяют как в виде самостоятельного средства, так и в сочетании с другими растительными маслами (миндальным, абрикосовым, жожоба), взятых в одинаковом соотношении. Кроме того, его используют в качестве базового масла в ароматических смесях.
За счет своих целебных свойств, применение льняного масла подходит любому типу кожи, быстро снимает раздражение, что актуально для обладательниц особо чувствительной кожи, способствует быстрому заживлению ран, синяков, ушибов, ожогов, устраняет бородавки, кровоподтеки. Просто в течение дня по три-четыре раза необходимо смазывать пораженные участки небольшим количеством масла. Таким же образом масло применяют для лечения псориаза, аллергических высыпаний, лишаев и других заболеваний кожи.

**Уход за руками и ногтями**

Эффективно использовать смесь из столовой ложки льняного масла и небольшого количества (2-3 капли) эвкалиптового, лавандового или лимонного масел.

Смесь эфирных масел ромашки, розмарина и пачули или лаванды и тимьяна с льняным маслом. Массирующими движениями в течение десяти минут втирать либо только льняное масло, либо ароматическую смесь в кожу рук и ногти по направлению снизу вверх. Процедуру рекомендуется выполнять ежедневно два раза в день.

При очень сухой и даже потрескавшейся коже рук помогут ванночки из отвара семян льна. Для его приготовления следует залить две столовые ложки льняного семени 200 мл кипящей воды, поставить на огонь и варить с момента закипания на медленном огне в течение десяти-пятнадцати минут. После этого необходимо дать время отвару остыть до комнатной температуры и процедить его. В приготовленный теплый отвар опустить руки, через пятнадцать минут, не смывая, на руки нанести питательный крем.

**Ванночки для ног**

Залить столовую ложку льняного семени небольшим количеством кипящей воды (100 мл), накрыть крышкой и укутать теплой тканью. Дать смеси настояться в течение часа, после чего добавить настой в воду комнатной температуры и держать там ноги в течение пятнадцати минут. Рекомендуются также контрастные ванночки для ног, суть которых заключается в попеременном опускании ног то в горячую, то в холодную воду. При этом в горячую воду следует добавить настой льняного семени.

Отвар из картофельных очисток с добавлением льняного масла рекомендуется использовать в качестве ванночек для ног для смягчения огрубевшей кожи, лечения ожогов, мозолей и трещин на пятках.

**Льняное масло для тела**

Опрелости на коже также поможет устранить применение семян льна: хорошо вымытые семена залить кипящей водой в соотношении 1:30. В течение пятнадцати минут смесь регулярно взбалтывать, после этого процедить через несколько слоев марли. Салфетки, смоченные в приготовленном настое, прикладывать к пораженным участкам. Процедуру следует делать ежедневно по четыре раза подряд с интервалом в десять минут до тех пор, пока кожа не станет чистой.

### Льняное масло для лица

Для ухода за увядающей кожей льняное масло можно просто наносить на лицо и область шеи и декольте и оставлять на ночь, а можно добавлять в свой ночной крем, что значительно повысит его свойства и эффективность. Только следует знать, что данное масло в открытом состоянии имеет небольшой срок хранения, не более пятнадцати дней в сочетании с кремом. Если масло ни разу не открывали, оно может храниться около года, при условии наличия тары из темного стекла и температуры не более десяти градусов. Если масло было распечатано, его необходимо использовать в течение месяца, иначе оно испортится. Хранить масло рекомендуется в холодильнике. Кстати, масло практически не имеет вкуса, лишь отдаленно напоминает рыбий жир. Но если, попробовав на вкус, вы ощущаете горечь, масло применять не стоит, оно испортилось. Следует отметить, что по уходу за областью вокруг глаз данное масло применять на ночь не стоит, поскольку из-за своей «тяжести» оно может провоцировать отеки. Для этой цели лучше использовать масла, имеющие более легкую основу – шиповника, виноградных или персиковых косточек, миндальное и т.д.

### Крем для сухой шелушащейся кожи

Мелко измельчить свежие листья петрушки, черной смородины, рябины, лепестки жасмина и розы, взятых в равных количествах. Разогреть на пару 15 г пчелиного воска и столовую ложку льняного масла, добавить травяную смесь (15 г) хорошенько перетереть.

Льняное масло эффективно добавлять в различные домашние маски для лица. Перед тем, как накладывать маску, необходимо помнить о некоторых правилах:
- наносить маску всегда следует на предварительно очищенное лицо;
- избегать нанесения маски на область вокруг глаз;
- маска наносится по направлению от подбородка к вискам, от верхней

губы к мочке уха, от стенки носа к вискам;

- перед применением маски, для лица рекомендуется сделать паровую ванночку, либо горячий компресс, для повышения эффективности;
- после наложения маски, необходимо лечь и расслабиться, чтобы лицо сохраняло полную неподвижность;
- снятие маски должно осуществляться легкими прикосновениями, дабы не растянуть кожу, которая в этот момент особо уязвима;
- после снятия маски, кожу лица необходимо протереть лосьоном и нанести крем, подходящим вашему типу.

Выдерживать маску следует около пятнадцати минут, после чего смывают чуть теплой водой. Нанести ровным тонким слоем льняное масло на лицо и оставить на двадцать минут, после чего умыться теплой водой. Такой способ применения особенно подходит сухой, обветренной коже, а также потерявшей эластичность. Кроме того, такая маска устраняет шелушение. Обладательницам комбинированного типа масло следует наносить на особо сухие участки (щеки, вокруг губ).

Для огрубевшей, обветренной кожи подходит следующая маска: залить две чайные ложки льняного семени половиной стакана кипятка, поставить на огонь и варить на слабом огне с момента закипания около пятнадцати минут. Затем отвар остудить до комнатной температуры и процедить. Полученную массу, чем-то напоминающую слизь, следует наносить на лицо и оставлять на полчаса. Смывать такую маску необходимо слегка теплой водой.

Данную маску можно сделать и в другом варианте: залить столовую ложку льняного семени небольшим количеством кипятка, накрыть крышкой и хорошенько укутать. Оставить смесь для настаивания на час. После этого массу можно не процеживая нанести на лицо. Такая маска эффективна в качестве дополнительного питания нормальной кожи, она дает прекрасный потягивающий и разглаживающий эффект. Делать такую маску следует два раза в неделю.

Семена льна можно использовать для приготовления масок и в измельченном виде. То есть измельчить семена в кофемолке, залить две столовые ложки полученной муки небольшим количеством кипящей воды, что вода полностью покрывала порошок. Смеси дать постоять в течение получаса и нанести на лицо. Для усиления питательного эффекта семена льна в молотом виде (2 ст. л.) заливают нерафинированным растительным маслом (4 ст. л.) холодного отжима. Эту смесь необходимо настоять в темном прохладном месте (желательно в таре из темного стекла) в течение десяти дней, после чего поставить в холодильник для хранения. Состав наносить на кожу на 25-40 минут. Смывать маску теплой водой.

Прекрасной освежающей и увлажняющей маской для сухой кожи является смесь из свежего огурца со сметаной. Огурец протереть на мелкой терке, добавить немного сметаны и столовую ложку льняного масла. Данная маска улучшает цвет лица, а также устраняет раздражения и воспаления.

На основе льняного масла можно делать прекрасные маски для ухода за областью вокруг глаз, которые эффективно разглаживают не глубокие морщины и морщинки. В столовую ложку льняного масла добавить по одной-две капли сандалового масла, розового масла и масла сладкого лимона (лиметтовое). Пропитать специальные салфетки данной смесью и накладывать на кожу вокруг глаз на полчаса один-два раза в течение дня ежедневно.

Устранить шелушение поможет скраб-маска с добавлением льняного масла. Для ее приготовления необходимо смешать столовую ложку базового масла с таким же количеством овсяных хлопьев. Эту массу нанести на влажное лицо, слегка помассировать одну-две минуты и оставить на пятнадцать минут, после чего умыть лицо теплой водой. В данной маске в место овсяных хлопьев можно использовать кофейную гущу или дробленные грецкие орехи. Льняное масло также является отличным средством профилактики растяжек у беременных. Для этого смешать 20 мл льняного масла с 30 мл масла жожоба, добавить каплю эфирного масла нероли, шесть капель эфирного масла сладкого лимона (лиметта) и три капли сандалового масла. Ежедневно наносить смесь масел на участки, которые больше всего подвержены появлению растяжек (живот, грудь, бедра). Лучше всего, если делать это на влажную кожу после приема душа или ванны. Эффект от этого будет значительно выше. На основе масла из льняного семени или с добавлением к нему эфирных масел делают аппликации для устранения дряблости и вялости кожи. Столовую ложку льняного масла смешать с одной или двумя каплями сандалового масла, масла розы или ромашкового масла. Пропитанные в этом составе салфетки накладывать на проблемные участки и оставлять на полчаса.

**Скраб-маска для лица из льняного семени.**

Рекомендуется для всех типов, кроме жирного. Такая маска прекрасно очищает кожу, одновременно питая и смягчая ее. Для ее приготовления следует измельченное в кофемолке льняное семя (1 ст. л.) смешать со столовой ложкой овсяных хлопьев и добавить в эту смесь небольшое количество горячего молока. Через пятнадцать минут массу следует перемешать и массирующими движениями в течение двух минут нанести на лицо. Затем массу оставить на лице минут на пятнадцать, после чего смыть прохладной водой.

**Маска для питания кожи.**

Столовую ложку льняного семени залить 100 мл горячей воды, поставить на огонь и кипятить с момента закипания на медленном огне в течение двадцати минут. Затем отвар снять с огня и остудить до комнатной температуры. В слизеподобную массу (2 ст. л.) добавить столовую ложку жирных сливок, либо размягченного сливочного масла.

Нанести массу толстым слоем на лицо на полчаса и смыть теплой водой. Данную маску можно использовать и для ухода за областью вокруг глаз.

Чтобы подтянуть и разгладить кожу к двум столовым ложкам теплой слизеподобной массы (приготовленной выше) добавить неполную столовую ложку оливкового масла (можно заменить персиковым, миндальным или другим, подходящим для вашего типа маслом), предварительно подогретого на водяной бане, и чайную ложечку меда. После снятия маски необходимо умыться вначале теплой, затем прохладной водой.

**Очистка, подтягивание и разглаживание кожи**

Маска из семян льна и косметической глины. Для ее приготовления следует залить столовую ложку смолотых льняных семян небольшим количеством кипящей воды, накрыть крышкой и дать настояться в течение двадцати минут, после этого к полученной слизеподобной кашице добавить чайную ложку косметической глины в порошке. При этом если у вас сухой или чувствительный тип кожи, следует использовать красную или розовую глину, нормальная и комбинированная кожа – белую, зеленую или голубую глину, увядающая — желтую или красную глину. Тщательно размешать все компоненты и нанести массу на лицо ровным слоем. Через двадцать минут маску смыть теплой водой.

**Маска для лица с сухой, тонкой кожей с повышенной чувствительностью**

рекомендуется такая маска: залить две столовые ложки льняного семени 400 мл воды, поставить на огонь и варить до получения кашеобразной консистенции. Данную массу в горячем виде накладывать на лицо и шею. Для этой цели следует использовать сложенную в несколько слоев марлю. Через двадцать минут маску следует снять, а лицо умыть вначале теплой, а затем холодной водой. В случае если есть проблема расширенных сосудов на лице, то маску накладывать следует в прохладном виде, смывать также прохладной водой. После такой маски кожа заметно разглаживается, к тому же она является хорошей профилактикой раннего появления морщин и складок.

Помочь увядающей коже может маска из ромашки и льняного семени: вначале необходимо сделать настой ромашки приготовить стакан настоя ромашки (две столовые ложки ромашки на 250 мл кипящей воды настоять под крышкой в течение получаса). Затем теплый настой процедить и добавить в него полную столовую ложку истолченных льняных семян и хорошенько перемешать до образования кашицеобразной массы. Полученную маску нанести на лицо, а спустя пятнадцать минут снять ее при помощи ватного диска. Делать такую процедуру необходимо за час до выхода на улицу, но перед этим на лицо обязательно следует нанести жирный крем.

Для ухода за чувствительной кожей смешать в равном соотношении льняную муку, пшеничную муку и воду. Дать смеси время для набухания, после чего нанести ее густым ровным слоем на лицо и оставить на полчаса. Затем маску смыть теплой водой.

Маски с использованием семян льняного семени отлично подходят для ухода за нежной областью шеи и декольте. Вначале залить две столовые ложки льняного семени 400 мл воды, поставить на огонь и варить до получения кашеобразной консистенции. Полученную массу в теплом виде нанести на шею и грудь, сверху наложить слой пергаментной бумаги и махровое полотенце. Маску смыть теплой водой через двадцать минут, после чего шею и область декольте сбрызнуть прохладной водой и нанести на них питательный крем.

**От двойного подбородка** поможет избавиться ежедневное применение горячей припарки перед сном, приготовленной из двух столовых ложек семян льна, сваренных в 250 мл молока. Держать такую припарку следует около получаса. При шелушении кожи губ следует протирать их отваром из семян льна.

**Массаж с использованием льняного масла**

Его часто применяют для общего массажа тела, как в чистом виде, так и в смеси с другими маслами. Семена льна можно запаривать также настоями различных лекарственных трав. Настой из семян льна можно использовать в качестве ванночек для ног, которые снимут усталость и улучшат кровообращение. При сухости тела применяют ежедневно по пятнадцать минут ванны из отвара семян льна с добавлением отвара ромашки (по 100 мл каждого). Хорошо витаминизирует и омолаживает сухую кожу с признаками увядания маска из крапивы. Крапивные листья следует обдать кипятком, мелко порубить до образования однородной массы. Взять две столовые ложки этой массы и смешать с неполной столовой ложкой льняного масла. Массу наложить на лицо и через пятнадцать минут смыть слегка теплой водой.

Смягчить кожу и разгладить морщины поможет маска, приготовленная из столовой ложки творога, двух столовых ложек подогретого молока и столовой ложки льняного масла.

Устранить пигментные пятна или веснушки поможет курс масок из буры: соединить 20 г ланолина с 5 г льняного масла, добавить небольшими порциями 40 мл воды с растворенной в ней бурой (0,5 г). Массу взбить до образования однородной консистенции. Делать такую маску рекомендуется в течение полутора месяцев один-два раза в неделю. Через два-три месяца курс рекомендуется повторить.

**Кефир и его свойства в косметологии**

Ну, кому не известен такой распространенный кисломолочный продукт, как кефир? Мало того, что он широко используется в детском и диетическом питании, так он еще служит и прекрасным косметическим средством. Причем он позволяет с одинаковым успехом ухаживать за нашей кожей, ногтями и волосами. Воспользуйтесь предложенными рецептами, и у вас появится больше поводов для того, чтобы по достоинству оценить этот богатый биологически активными веществами напиток, который способен творить чудеса.

Так как же кефир можно использовать при уходе за кожей тела? - Смочите в теплом кефире жесткую рукавицу и круговыми движениями растирайте тело, подобный массаж обеспечит вашей коже более активное снабжение ее кислородом и насыщение активными веществами. - Смешайте кефир с мелкой морской солью, у вас получится идеальный скраб для тела. - Пять столовых ложек зеленого чая измельчите, добавьте к ним три столовых ложки кефира, тщательно перемешав, нанесите средство на лицо на пятнадцать минут, после чего нанесенную массу следует смыть. Подобная маска отбеливает кожу и избавляет ее от шелушения.

Теперь давайте поговорим о том, как можно использовать кефир при уходе за ногтями и кожей рук. В том случае, если кожа ваших рук шелушится, а ногти слоятся, то вам стоит воспользоваться кефирными ванночками. Для их приготовления вам понадобится в емкость налить этот напиток и опустить в него руки на десять минут. Если вы будете проводить подобную процедуру ежедневно, то уже через одну-две недели вы заметите положительный результат, так как ваши ногти укрепятся, кожа отбелится, станет глаже, повысится ее тонус.

А теперь давайте поговорим о том, как можно использовать кефир при уходе за волосами, ведь в его составе находятся биокультуры, которые способны не только питать кожу, но и укреплять корни волос и улучшать их структуру.

- Если ваши волосы принадлежат к сухому типу, то вам потребуется сделать для них следующую маску: смешайте яичный желток с одной чайной ложкой касторового масла, добавьте к ним три столовых ложки кефира, еще раз смесь тщательно перемешайте и нанесите ее на волосы. Сверху наденьте шапочку для душа и оберните голову полотенцем и оставьте маску на час, повторять ее рекомендуется один раз в неделю.

- А теперь давайте познакомимся с маской для волос, принадлежащих к жирному типу. Для ее приготовления вам понадобится стакан кефира нагреть на огне и процедить его через марлю, а полученную при этом сыворотку, следует смешать в равных пропорциях с отваром лопуха, который готовится так: две столовых ложки сырья на стакан воды. Полученную смесь нужно втирать в корни волос перед каждым мытьем головы на протяжении трех недель. И, конечно же, хотелось познакомить вас с рецептом маски, которая подходит для любого типа волос. Нанесите на голову кефир, распределяя его по всей длине волос, большее внимание, заостряя на их кончиках. Для улучшения кровообращения, помассируйте кожу головы, после чего наденьте шапочку для душа и утеплите голову при помощи полотенца, и оставьте маску на двадцать минут, после чего смойте ее подкисленной водой. А приготовить ее нужно таким образом: на два литра воды понадобится взять сок одного лимона или же добавить в нее одну столовую ложку уксуса. Эту процедуру рекомендуется повторять один-два раза в неделю, это позволит вам питать корни и улучшать структуру волос.

## СОДЕРЖАНИЕ

1. Введение -  1
2. Витамины для здоровья  2

**Глава 1.** Лечение растениями

1. Сирень  3
2. Стевия  3
3. Золотой ус  4
4. Календула лекарственная  5
5. Душица или Орегано  5
6. Все о вишне  6

**Глава 2.** Лечебные растительные масла

1. Масло шиповника  8
2. Масло расторопши  10
3. Льняное масло  12
4. Семечки подсолнуха  13

**Глава 3.** Полезные свойства орехов

1. Кедровые орехи  15
2. Фисташки и их применение  19
3. Целебные свойства миндаля  21
4. Кокосы  22

5. Полезные бобы- Арахис                                24

6. Кешью                                                25

7. Бразильский орех                                     27

8. Грецкий орех                                         29

**Глава 4**

1. Все о меде                                           30

2. Тибетский гриб                                       32

**Глава 5** Лечение сокам и фруктов и овощей

1. Правила приготовления овощных соков                  34

2. Лечение соком свеклы и шпината                       35

3. Лечение соком томатов и соком моркови                36

4. Лечение соком репчатого лука                         37

5. Лечение соком петрушки и соком сельдерея             38

6. Лечение соком огурца и соком стручкового перца       39

7. Лечение соком тыквы, соком укропа и хрена            40

8. Лечение соком чеснока                                41

9. Лечение

**Глава 6** Рецепты полезных чаев

1. Зеленый чай и его свойства                           42

2. Чем полезен чай Каркаде                              43

3. Чаи из лекарственных трав, грудной чай               43

4.Чай вяжущий, мочегонный, брусничный и травы от давления 44

5.Валериала 52

5.Пастушья сумка, Сушеница болотная, 53

6. Календула, пустырник, 54

8.Клевер,укроп , мелисса 55

9.Пион помогает при химиотерапии. 56

## Глава 7 Оздоровительные и лечебные диеты

1.Гречневая диета 57

2.Диета при мочекаменном диатезе (соли мочевой кислоты) 59

3.Кедровые орехи для похудения 60

4.Травяные чаи для похудения 60

## Глава 8 ПОЛЕЗНЫЕ СОВЕТЫ ИЗ НАРОДНЫХ РЕЦЕПТОВ. 64

1.Растяжение сухожилий 64

2. Глаукома, от глистов, фитотерапия для профилактики инсульта, варикозное расширение вен, 65

3. от шума в ушах, гайморит, ушибы, носовое кровотечение, травы от давления,

4.Лечение катаракты народными средствами 67

5.Гипертония,7 правил для продления жизни, аденома простаты 70

6.Очищение кишечника семенами 71

7.Растительное масло- самое дешевое лекарство при различных болезнях . 71

8. Чеснок и лимон при повышенном давлении Лечебные свойства чеснока 72

9.О полезных свойствах золота и серебра 73

10. Лечебные свойства мандаринов — 74

**Глава 9** – Натуральная растительная косметика — 76

1. Маски от морщин — 76

2. Хвойный напиток для волос, ванны для тела с кедровыми орехами — 77

3. Клубника – ароматная, вкусная и сладкая ягода — 78

4. Маски для волос — 78

5. Лечение волос — 79

6. Вишня в косметике, — 80

7. Молодой картофель в косметике, масло шиповника для кожи лица — 81

8. Бразильский орех в косметике — 82

9. Кокос в косметике, масло расторопши — 83

10. Наружное применение льняного масла — 84

11. Кефир и его свойства в косметологии — 93

Содержание — 95

# i want morebooks!

Покупайте Ваши книги быстро и без посредников он-лайн – в одном из самых быстрорастущих книжных он-лайн магазинов! окружающей среде благодаря технологии Печати-на-Заказ.

Покупайте Ваши книги на

## www.more-books.ru

Buy your books fast and straightforward online - at one of world's fastest growing online book stores! Environmentally sound due to Print-on-Demand technologies.

Buy your books online at

## www.get-morebooks.com

VDM Verlagsservicegesellschaft mbH
Heinrich-Böcking-Str. 6-8         Telefon: +49 681 3720 174    info@vdm-vsg.de
D - 66121 Saarbrücken             Telefax: +49 681 3720 1749   www.vdm-vsg.de

Printed by Books on Demand GmbH, Norderstedt / Germany